胎教是件幸福事

（韩）金昌圭 / 著
赵北斗 / 译

图书在版编目(CIP)数据

胎教是件幸福事 / (韩) 金昌圭著；赵北斗译. —沈阳：辽宁科学技术出版社，2011.8

ISBN 978-7-5381-7038-2

Ⅰ. ①胎… Ⅱ. ①金… ②赵… Ⅲ. ①胎教 – 基本知识 Ⅳ. ①G61

中国版本图书馆 CIP 数据核字（2011）第 120065 号

出版发行：辽宁科学技术出版社

（地址：沈阳市和平区十一纬路 29 号　邮编：110003）

印 刷 者：沈阳新华印刷厂

经 销 者：各地新华书店

幅面尺寸：145mm × 210mm

印　　张：5.75

字　　数：100 千字

出版时间：2011 年 8 月第 1 版

印刷时间：2011 年 8 月第 1 次印刷

责任编辑：张歌燕

封面设计：黑米粒书装

版式设计：于　浪

责任校对：李　霞

书　　号：ISBN 978-7-5381-7038-2

定　　价：25.00 元

联系电话：024-23284063

邮购热线：024-23284502

E-mail:geyan_zhang@163.com

http://www.lnkj.com.cn

本书网址：www.lnkj.cn/uri.sh/7038

作者的话

做好了胎教，每对夫妻都可以生个健康聪明的宝宝，这是我多年从医的经验之谈。我接触过无数位孕妇，并且见证了她们如何生育出那么健康的宝宝。同很多专家一样，我也非常认可胎教的重要性。

问题的关键是如何做好胎教。

我认为最正确的胎教方法是遵守如下四点：第一，在胎儿的每个成长阶段进行适当的刺激，以促进胎儿大脑的发育；第二，孕妇要根据自己的情况去做胎教，并且要在没有任何心理负担的条件下怀孕，以保证最好的孕育环境；第三，夫妻俩要一起享受胎教的过程，无论是幸福还是困难都要共同面对，认真对待每一阶段的胎教；最后，胎儿要和爸爸妈妈达成互动。

我之所以决定编写这本书，主要就是想讲讲以上几点胎教重点，同时，也想挑战一种全新的胎教书形式，在此之前，还从未有过本书这种类型的胎教书。

首先，我想通过名叫“樱桃”的胎儿之口去讲述胎儿在怀孕各个周期的成长状态。因为胎儿在受精时就已经是一个小生命，所以我觉得以胎儿自己叙说的形式去解读怀孕各阶段的变化会更真实而生动。

为了强调夫妻要一同享受胎教的乐趣和履行父母的责任问题，我为本书设计了润熙和顺奎两位主人公。书的内容以这对夫妻如何准备怀孕、孕期如何解决面临的各种问题到最终生育出可爱的宝宝为线索而展开。

我个人觉得现有的胎教书大多形式死板，内容枯燥无味，所以借用微型小说的手法编写了本书，相信孕妇会更喜欢在愉快的阅读过程中获得相关知识。希望通过对这对夫妻胎教过程的叙述，在给您带去所需知识的同时也带去欢乐。

胎教的重点是，过程一定要紧密联系自己的生活环境，书中通过孕妇润熙对于胎儿成长和妈妈职责的逐步认识过程的描述来证实这一点。虽然润熙在每一个细节胎教方法不一定是完全正确的，但是她的整体方向还是值得称赞的。

在每小段故事的结尾处都有怀孕每周需要知道的孕育知识和重点的总结，同时附加了生出聪明宝宝必知的饮食情报。

大家读过小主人公“樱桃”在每个成长阶段的惊奇故事后，一定会觉得怀孕是个多么幸福的过程。此时此刻，在其他孕妇肚子里成长的胎儿不正和樱桃一样吗？所以，真正的主人公其实不是樱桃，也不是润熙和顺奎，而是各位正在孕育新生命的夫妇和你们的宝贝儿。胎教是件幸福事，我也愿意与大家分享这份幸福。

21 世纪是人才的世纪，所以正确的胎教会给孩子以后的竞争奠定很好的基础。感谢给予本书支持的出版社及诸位朋友。感谢生我爱我的父母，感谢我的妻子朴正顺院长，作为妇产科专家的她在我写作中给予了很多建议和忠告。更感谢我的两个子女，看着他们快乐健康的样子，让我更加确信胎教的意义和效果。最后，感谢在我收集素材时积极提供自身感受和经历的孕妇们。

目 录

第1章 从计划怀孕到受孕

第2章 早孕期胎教

登场人物

金润熙——30岁，为了怀孕，1个月前辞去了补习班讲师的工作。早在8年前她和顺奎在首尔的某大学里相识相恋，并在两年前结了婚。身为三姊妹中的长女，润熙今年的最大目标就是生个健康聪明的宝宝。因为她单纯的性格，朋友们给她起了个绰号叫“透明袋”。

朴顺奎——30岁，润熙的老公，目前就任于中低价服装公司电算部门。性格较内向，大学时期，在润熙和他告白之前，他都没勇气主动表达自己的感情。顺奎自认为长得很像明星韩石奎，但就是因为凸出来的嘴，润熙并不认同。因为心地善良，别人都叫他“海绵”。

樱桃——是本书真正的主人公。不知道出生后会叫什么名字，在腹中3个月后开始被叫做“樱桃”。她在妈妈的腹中从受孕开始就有着能看穿外面世界和妈妈内心变化的超能力。但是，目前还是不确定是否聪明伶俐，是女孩还是男孩。

金博士——40多岁，首尔江南一所妇产专科医院的医生。之前他不太相信胎教的作用，直到看到老婆经过认真胎教，培养出比自己优秀很多的子女后，才开始钻研胎教。为人憨厚，内心细腻，并且还是一位怀揣着作家梦的人。

其他登场人物：

王美子——润熙的大学前辈，编辑；

黄宝女士——乐园家园109号楼（与润熙家同楼）楼长；

丰代理——顺奎的同事，爱喝酒，喜欢收集身边杂记，毕生倡导禁止在高速公路上边唱边舞；

严老师——曾从事教师职业，现担当顺奎家小区管理员；

孔女士——顺奎母亲，一生认为唯一比自己儿子帅的只有机器人。

——第 1 章——

从计划怀孕到受孕

CONGJIHUAHUAIYUN
DAOSHOUYUN

有准备有计划地受孕

下午 5 点，润熙回到家，她拿出了刚从书店买来的《顺利怀孕百科全书》和淡绿色笔记本，花了大概 10 分钟翻了翻书后，便打开了笔记本开始写她的日记：

排卵 12 天前

昨天是月经第一天。1 个月前做过风疹检查，并且停止服用避孕药已经有两个月了。

真希望我们的宝宝是健健康康的。我和顺奎都是比较健康的体质，所以这个应该不用担心。关键是我们想生个不但健康而且聪明的宝宝。但是我知道自己的智商不是很高。在上了初中后，我每天熬夜学习，结果数学也只考到 40 多分，那时起我就觉得自己并不是很聪明。顺奎也是，虽然他自己不承认，但是也应该属于努力型而不是天才型的。

我为什么这么渴望一个聪明的宝宝？这么渴望一个天才呢？我并不奢望他能成为科学家，能荣获诺贝尔奖；我也不想靠他以后出息能让我过上荣华富贵的生活。我只是希望他出生后不要因为自己不够聪明而感到自卑。只要他能够如愿完成学业并找到满意的工作，这就是我最大的心愿。最后希望世界因他的到来而变得更美丽。

听说实施计划受孕再加上做好胎教就可以生出聪明的宝宝。虽然我对此将信将疑，但还是决定试一试，以免将来后悔。

为了纪念计划怀孕的开始，真应该喝一杯庆祝一下，但是从今天开始就要戒酒，因为我要创作出不朽的著作嘛！

对于怀孕，心中不免还是有些担心害怕。一旦怀孕了，我能保证这10个月都会健健康康的吗？我很怀疑自己是否已经作好当妈妈的心理准备了。而且我们现在的经济状况也不是很好，婚后一直租房子住，6个月前，几乎花掉所有的积蓄租了现在的房子，这种经济条件下怀孕生育，真是雪上加霜。而且婆婆一直渴望抱个大孙子，这种无言的期待和无形的压力会一直困扰着我。

但是我还是要生个宝宝，因为，我想成为妈妈。

此时，顺奎还在公司上班，却有些心不在焉。

没和润熙过夫妻生活已经有半个月了。我是凡夫俗子吗？几天没有性生活就自己想入非非？现在也不能抽烟了，之前发表的戒烟决定是不是太草率了？当然，上班前、午休时和下班前还是会偷偷抽上一支，然后回家前再刷牙。

快到下班时间了，对面丰代理的眼睛又亮了起来，这条大灰狼一定在计划着下班后去哪儿喝两杯。

未来10天内要是喝了酒回家的话肯定会被润熙打死的，伤心啊，但是还是要忍。

自从决定要孩子突然发现世界都变了，觉得很恐惧。两个月前公司体检时自己没有异常，所以只让润熙自己做了孕前检查，现在真有点后悔自己没有一起做个详细的检查。看了畸形儿的有关报道，觉得后背都发凉，现在自己真是敏感啊!

孕前要了解的孕育知识

◎计划受孕的夫妇不应该纠结于计划上，要抱着今年内要孩子的念头，而不是抱着下个月一定要成功受孕的想法，应把怀孕作为年度计划。要游刃有余地学习积累孕前及孕期的各种注意事项，此外，夫妻两人要按时到医院进行各项身体检查，还有，就是要戒烟戒酒，保持良好心态。

◎ 初次去医院检查的时候，除要进行遗传病检查、风疹检查、血液检查、肝功能检查、性病检查等项目外，医生还会问到有无怀孕史、过敏史等，以及孕妇和家人的病史。所以需要提前准备并且将真实情况详细告知医生，这样才能保证健康地受孕。

◎ 若想按照排卵日过夫妻生活从而成功怀孕的话，男方最好禁欲 3 周，这样才能保证精子的活力。

◎ 饮食要点：如有怀孕计划，尽量避免摄取被重金属污染的淡水鱼。

受孕前的性爱

已经是深夜11点了，润熙还没有睡，她打开了床头灯，柔和的灯光照着卧室。今天是她算好的排卵日，是计划和丈夫在一起孕育新生命的美好日子。

一身性感睡衣的她，静静地躺在床上，深吸了一口气，腋下淡淡的香水味阵阵飘来，她喃喃自语："亲爱的宝宝，再等等，马上就会创造你了。"

这时，房门开了。身穿背心的顺奎坐到了床边："要不要来点音乐?"

顺奎在床头柜上摸了半天才找到遥控器，音响中瞬间流出了悦耳的音乐。

"是我新买的，现在这首歌是埃尔加的《爱情故事》。"

顺奎调整音量后上了床，随即被润熙脱去了身上的睡衣。

夫妻两人温存过后，顺奎问道：

"是不是快了点？对不起……不过应该是给了最好的精子。"

润熙没有体验到高潮，虽有些不满，但还是抚摸着顺奎的后背问道："你怎么知道是最好的精子?"

"是啊！在书上看到，男性要忍些日子才能排出旺盛的精子，这样才能生出健康的宝宝。所以，肯定是最好的精子，对吧?"

顺奎露出了笑容，润熙也满意地笑了笑。她摸着自己的心口喃喃自语："没达到高潮怎么了，只要能抓住最好的精子就够了，今晚一定可以成功。"

孕前要了解的孕育知识

◇ 计划受孕的重点是健康的精子与卵子相结合，所以计算排卵日是重中之重。虽然快乐的夫妻生活很重要，即夫妻两人都要感到性高潮的快乐，但是也不要过分在意高潮。大部分的女性在新婚时不会轻易体验到性高潮的快感，所以过分要求只会增加无形的压力，这不利于成功地受孕。

◎ 最好保持性前 10 分钟的爱抚，10 分钟的性交和 10 分钟的性后回味。而且性生活前饮水和少量红酒都是有利于达到高潮的。射精后，女性应采取左侧卧姿或者垫高臀部保持 30 分钟，这样可以提高怀孕概率。

◎ 计划受孕的夫妻尽量选择凉爽的天气受孕，因为比起闷热的天气，精子在常温下更有活力。

◎ 饮食要点：计划怀孕的女性最好在 1 个月前就要开始注意个人的饮食习惯。虽然不需要完全改变，但是有必要适当地调整。

计算排卵日不利于受孕

润熙深吸了一口气，坐到了电脑前，打开了孕产知识网站 www.taekyo.com。

网站中有许多回答。润熙发现很多关于孕前用药问题，但却没有关于计算排卵日怀孕的问题。于是，润熙以匿名方式提出了自己的问题。

Q：我是一名 30 岁的女性，正计划怀孕。计算排卵日后（我觉得很准）和老公有了关系。但是今天，我的月经又如期而至。我很失望，我的身体是不是出了什么问题？用不用做一下不孕检查呢？请帮帮我。

两天后，润熙收到了答复。

A：您好！我是金博士。

首先我很赞赏您提前准备怀孕的做法。值得强调的是，从计划怀孕到分娩，整个过程是非常漫长的。直到孩子出生之前，准妈妈们会经历从来没有过的人生经历，所以一定要提前作好心理准备，因为怀孕过程不只有喜悦，也有悲伤。所以需要很强的意志力去抵抗种种伤心和不安及挫折感和失败感。

很多准备怀孕的女性都可能遇到跟您一样的问题。但需要说明的是，健康的女性也不一定每个月都会排卵。过度的压力和紧张的生活可能导致有些月份不会排卵。此外，排出的卵子需要在 12～24 小时之内受精才行，而男性的精子在女性体内可以存活 3 天，所以要把握好卵子和精子相遇的时间，否则就会失败。

女性在临近生理期时，身体里会产生 20 万 ~ 50 万个卵泡，但是女性一生中只有 400 ~ 500 个卵泡能发育成熟，并按照 28 天左右的周期一个一个排出。每个月当中最为成熟的一个卵子才会从卵巢里排出。

计算排卵日并不能百分之百保证怀孕成功。因此，不能因为在排卵日同房而没有成功怀孕就怀疑自身健康有问题，要以平静的心态等待下一次的排卵。

女性的最佳怀孕年龄在 24 ~ 25 岁之间，并且在 30 岁之前都很容易受孕成功，而此后生育能力会慢慢下降。正常的夫妻，在没有避孕的前提下，在 3 个月以内怀孕的概率为 50%，1 年内怀孕的概率为 90%。到了 35 岁以上，上述概率明显下降。

润熙看到了博士的回复，心情总算好了很多，但还不能完全排除顾虑。润熙深深地吸了一口气，把 www.taekyo.com 添加到了收藏夹里。

孕前要了解的孕育知识

◎ 计算排卵日很容易，一般为下次月经前 14 天，但如前所说，不是每个月都有排卵。

◎ 过度在意排卵日能否成功受孕反而不利于怀孕，把这种压力转嫁给丈夫更不合适。有些女性在试了很多次以后没有成功怀孕，然后就放弃了计算排卵日，心情放松后反倒马上就怀了孕。但值得注意的是，计算排卵日同房 12 回以上也没有成功受孕，最好去妇产科做检查。

◎ 为了提高怀孕概率，女性在同房之前最好不要过度清洗，只要冲洗一下就可以，这样才能保证精子很有活力地游动。

◎ 饮食要点：准孕妇可多摄取富含维生素的应季水果，尤其在没有胃口时，应季水果很有帮助。

性高潮的真相

润熙没有成功怀孕，这让顺奎也有了一定的心理压力。有时想想，是不是因为自己射精太快没有让润熙达到高潮而导致怀孕失败呢？

这一天，顺奎和同事丰代理在公司附近的酒吧喝酒，借着酒劲儿聊起了很私人的话题。

“女人是不是不需要性前爱抚？就说我老婆吧，只要我把手放到那里就会有感觉，还用得着爱抚吗？”

他们之所以聊到了这个，是因为听说有一种女性自慰工具要问世了。

“那么，你老婆经常达到高潮吗？”

“当然！不看看我的家伙多好呢，加上我很会把握技巧。但是你能掌握她的兴奋点吗？”

“还真不确定……”

“我们刚结婚时，我老婆的感觉也很一般。所以我想了好多法子，包括看指导夫妻生活的科教录像片。现在想想，真是很艰辛的努力啊，后来不知道从什么时候开始，我老婆就开始享受起来了。”

顺奎开始觉得这夫妻生活还真是奇妙。喝下去几杯后觉得醉意越发浓了，便起身先离开了。

顺奎出去后，酒店领班凑到了丰代理面前。

“要不要我给您讲讲你们刚才提到的话题？”

“要是别人就免了，江领班的话肯定是要听的。”

“婚前和新婚初期时女性一般不会轻易感到高潮。虽说男性的技巧很重要，但是还有一件事情更重要。”

“是要保持尽量长的时间吗？”

“并不是时间长就是好事，质量更重要。比起技巧，互相之间的吸引力和亲密感更重要。”

当晚，在回家的路上，顺奎去了音像社，为了让润熙更高兴，他准备要效仿一下丰代理的方法。

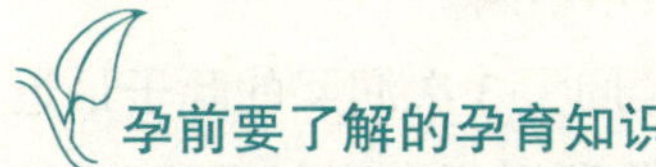

孕前要了解的孕育知识

◎女性是否能达到高潮不在于外部刺激而在于对方的魅力、与自己的亲密度和对对方信赖度，即女性要达到高潮更需要的是精神上的抚慰而不是身体上的。如果这种精神上的需求完全可以得到满足，这时女性还是达不到高潮的话，可以考虑身体上是否出现了什么问题，如性障碍等。一般来说，女性在阴部充血或者阴液充分时会感到高潮，但是，有些女性会因为吸烟或者患有血管动脉硬化等而感觉不到高潮。女性性冷淡的原因比较复杂，表现也不一样，以 30 岁左右的女性为例，性冷淡的表现有性欲低下、性排斥、心不在焉、性交不愉快或不顺畅等。虽然身体上毫无障碍，但在新婚初期，因经验不足等原因也往往是感觉不到高潮的。

◎同房后最好保持卧姿 2~3 分钟。

◎饮食要点：孕前为了保持体力，有些人可能会吃些鲫鱼或者黑山羊肉，若不是体质非常弱，尽量不要勉强自己吃上述食品，尤其不要乱吃成分不是很清楚的中草药。体质弱者最好咨询医生后再确认是否可以怀孕。

月经前综合征

润熙一天都昏昏沉沉的，什么都不想做，感觉身体非常沉重，还莫名其妙地想发脾气。在听到广播里连续播了两次《寻狗启事》后，润熙很不耐烦，甚至想给广播管理事务所打电话表示不满。

上午接到了婆婆的电话。电话中婆婆连续问了3次润熙的肚子最近有没有动静。之前曾经和婆婆说过由于要工作所以要在两年后要孩子，所以她一直没有问。但是现在润熙辞职在家养身体准备要孩子，所以婆婆问起这个也很正常。每次听到婆婆的叹息声，润熙都觉得自己很委屈。“近期我会过去的。”婆婆只说到这里就把电话挂了。

下午3点左右，顺奎在公司接到了润熙的电话。

“很忙吗?”

“有点。”

顺奎真的是非常忙。公司重新设置了网络，有很多问题，所以他连午休时间都在工作。但是这些润熙并不知道，所以当听到丈夫不冷不热的声音，顿时觉得很失落。

“老公，你爱我吗?”

“非要我说出来吗？明知故问嘛!”

“直接回答就行嘛，为什么转移话题？爱我吗?”

“……”

“我今天不想做饭，晚饭在外面吃吧，好吗?”

此时的顺奎突然很想抽烟。但是前不久，他刚和润熙承诺直到孩子出生之前都不会抽烟。顺奎捂住了话筒朝着空中长长地吐了口气。

“现在还定不下来，可能还要加班。要挂电话了，要去给领导报告工作。”

润熙很泄气地撂了电话。“婚姻是爱情的坟墓”，这句话无数次地徘徊在润熙的脑海中。自己突然觉得没有信心要和这样的男人生活一辈子。直到昨天为止润熙还没有这样的想法，但是今天不知怎么了，总觉得顺奎很陌生，而且越想越烦心。

一下午，顺奎忙得不可开交，直到傍晚他才得空买了杯咖啡，并看到同时进公司的江代理在休息室叼着烟头在翻找资料。

“你在找什么资料？”

“情人节攻略！也没有特殊的点子。唉，哄女人真是个难题！”

“怎么会发出这样的感叹？”

“喂，你知道为什么有情人节、光棍节这么多的节日吗？”

“当然是可恶的商家们的战术啊！”

“我觉得问题的本质不在这儿，主要还是在于女人终身想求证爱情的心理。你也谈过恋爱，所以应该知道，女人在恋爱时一直会问对方爱不爱自己。所以现代社会这么多节日都根源于这个。”

“为了给男人创造机会表达感情！”顺奎感慨着。

下班的路上，顺奎还在想着这个问题。在下地铁的瞬间突然想起来今天差不多应该是润熙生理期的日子，难怪她今天情绪不高，得想办法哄哄她。

听到敲门的声音时润熙慢慢地走到门口。

“是谁呀？”

“是我，你的丈夫！”

“吃错药啦？这么客气！”

润熙觉得好笑，当她打开门，只见一个大大的花篮挡住了顺奎的脸，润熙又惊又喜。

孕前要了解的孕育知识

◎在夫妻生活中，妻子最期盼得到丈夫坚定不移的爱。所以对丈夫来说，无论什么时候，都要随时向妻子证明自己非常爱她，这才是最懂得爱的男人。

◎为了生一个健康聪明的宝宝，女性在孕前就不该有任何压力。大部分的女性都会经历月经前综合征的痛苦。女性在经期前常伴有焦虑、紧张或疲劳感，不同的人表现也不一样。尤其是对于准备怀孕的女性来说，月经的到来意味着怀孕的失败，所以，上述症状会延续到月经结束。因此，女性应该在月经前就作好心理准备，正确对待。

——第2章——

孕早期胎教

YUNZAOQITAIJIAO

第 1 周　孕前精神上的早期胎教

润熙的月经这个月又如期而至，两天前刚刚结束。今天是星期日，顺奎睁眼时已经是上午 9 点了，见润熙还在睡觉就没叫醒她，自己先起了床。他打开冰箱发现没什么菜，决定去小区门口的超市买点什么。快到门口时正好碰到严老师，他是乐园小区 109 号楼的管理员，因为之前是教师，所以大家都叫他严老师。他每月会从自己的工资里拿出 1 万韩元去买些花籽种在 109 号楼的花坛里，因此还上了电视。他的愿望应该是成为韩国最有名的小区管理员。

严老师见到顺奎先打了招呼："呵呵，真勤快啊，大清早就去买菜啊？"

"是啊，今天想让太太高兴高兴。"

"今天是什么特殊的日子吗？"

在小区栏杆边上，顺奎和严老师聊了起来。对于如何讨好老婆，严老师有自己的见解，老公们总想拿钱去取悦老婆，虽然钱是必需的，但现在已经不是担心温饱问题的时代了，光拿钱是解决不了问题的，要做到与众不同才是最有效的办法。

严老师给顺奎出了个好主意。

当天下午，顺奎决定开车带润熙出去转转。

"去哪儿？"

"先说出来就没有意思了，放心跟我走吧！"

顺奎把润熙扶上车，帮她扣上了安全带。

"去哪儿啊？不给点提示吗？"

“有点神秘感才有意思嘛，大概30分钟的路程，你靠着躺会儿吧，到那你就会知道了。”

润熙也不想再问了，心想：不管了，反正不是去婆家就好。她把座椅往后调了调就躺下了，伴着车内的音乐昏昏欲睡。

不知道过了多久，半睡半醒的润熙突然听到了顺奎说话。

“真是睡神啊，这么快就睡着了。”

“到了吗？现在可以看看啦？”

“3秒钟后就可以睁眼。”

润熙努力地猜想着这是什么地方，但是除了可以呼吸到新鲜空气和听到渐低的汽车喧闹声以外，很难捕捉到其他的信息。

润熙解开了安全带，在看到眼前的风景后不自觉地张大了嘴。原来顺奎带她来到了两人第一次见面的草地，这也是他们第一次接吻的地方。

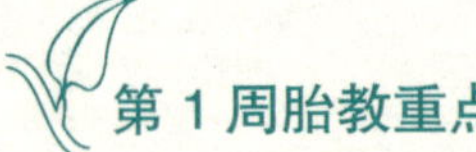

第1周胎教重点

◎ 为了生出聪明的宝宝，夫妻双方不仅要保证健康的身体，更要确保稳定的情绪。最好的办法是在空气清新的树林里散步，让内心保持平静。当然，没有指定哪里是最好的，只要是平时两人都喜欢的空间就好。

◎ 为了怀孕而同房的时间可以选择凌晨，因为此时氧气最丰富，血液循环也最流畅。

◎ 妇产科上说的孕期通常是从怀孕前排卵日开始计算，而不是从受孕日开始计算。所以怀孕1周不视为孕期也很正常。

◎ 饮食要点：虽然要注意饮食，但也不要过度地改变自己的饮食习惯。

第 2 周 育孕天才的方法

润熙读了之前买的《顺利怀孕百科全书》后，对怀孕前的知识多少了解了一些，但是还是有很多不确定的事情，比如做好胎教是否真的可以生出聪明的宝宝。

恰巧那时，润熙认识了金博士，也得到了答案。

今天顺奎出差去了釜山，润熙无聊随便翻看报纸，从节目预告里看到了将有一档关于胎教的节目播出。从时间上推算，这个节目应该是已经播过的，现在是重播。

润熙急忙打开了电视，正好看到一位 40 多岁的中年男士嘉宾。

“我是金博士。希望通过这档节目让大家更正确地认识胎教。那么，我们先一起来听一首快乐的胎教歌曲吧，来，一起唱起来：

我经常玩耍的子宫，

发出‘嗵嗵’声音的地方。

小时候抓着妈妈的手，

一起玩耍的子宫。

啊，想起来，啊，怀念啊！

子宫是心灵的归属。

……”

观众们也跟着唱起这首改编于《乡间小路》的歌曲。唱完后，博士说这是他自编的胎教歌，孕妇们也可以自己编首胎教歌曲，只要用心去唱自己喜欢的曲子，度过一个愉快的孕期就好。接着博士又开始为大家讲解怎样生育出一个健康聪明的宝宝。博士的讲解很吸引润熙。

“对于人类来说，大脑是生命的根源。大脑没有了血液和氧气的供应，人就很难维持生命。胎儿也是一样的。即使现代医学很发达，但一个5个月的早产儿还是很难被救活，那是因为5个月时大脑还不健全。

但是，人们往往认为父母智商的高低决定了孩子的聪明程度，即认为遗传基因非常重要。其实这是错误的。

事实上，基因决定的是大脑何时构造、如何运动。换句话说，大脑的构造功能会根据环境的变化而改变。如果将大脑比做一台电脑，那么遗传基因则属于硬件内容，硬件的好坏决定着电脑性能的好坏。但光硬件好而没有软件也是不行的。宫内环境就好比是软件，所以，胎教的目的就是要优化宫内环境。

在精子和卵子相遇的瞬间所传输的信息的量相当于数百本《百科辞典》的知识量。而胎儿的各个器官的生成也是根据前述的信息发育而成的。一个细胞通过10个月的发育分化成数千亿个细胞。

胎儿的各个器官中，发育最快的就是大脑。大脑的构造十分神奇，所以，对于一个大脑细胞分化已经完成的成人来说，再怎么努力，提高智商也是有限的。但是胎儿是不一样的，整个怀孕期间，胎儿的脑细胞分裂非常活跃。人类的脑细胞大概有149亿个。新生儿的脑细胞有100多亿个，因此，一个人70%的脑细胞都是在胎儿时期形成的。

在怀孕20周的时候，可以根据胎儿大脑表面的沟回（我们常说的褶皱）去判断它的脑细胞是否在活跃分化。开始有沟回表示脑细胞慢慢变多。所以头大的孩子比较聪明的说法也不无道理，因为头大就给脑细胞分化提供了更多的空间。

孕育聪明宝宝应该要特别注意三个阶段：在怀孕的20周以前是第一阶段，首先应该确保脑细胞的正常发育。但是这并不是说脑细胞的发育好坏决定孩子的智商。细胞分化到一定程度后，也该重视脑细胞组织的发育，即连接各个脑细胞的神经回路的发育。脑细胞组织的发育一般会在怀孕6个月后才开始，所以怀孕第24~28周是最重要的时期，此时为第二阶段。第三阶段是出生以后开始到3岁为止。

那么，如何顺利而成功地度过第一阶段和第二阶段呢？首先要知道什么是促进脑细胞神经网发育的重要因素，即传达各种激素和神经物质。这些物质通过孕妇的胎盘传送给胎儿。但是上述那些物质不全都是有益的，有些反而不利于胎儿。所以正确的行为就是确保供给胎儿的是好的激素和神经物质，而尽量减少对胎儿不利的因素。

所以要铭记三点：首先是准爸爸准妈妈的身体要健康。其次是孕妇要均衡地吸收营养，这两点大家应该都清楚而且要非常注意。第三点就是要坚信人人都可以生个健康聪明的宝宝，所以，从怀孕到分娩都不要有任何压力。为了确保这三点而作出的所有努力都是胎教的一部分。

当然，促进大脑发育的方法有很多种，但是比起考虑什么要素是必需的、什么胎教是最有效的，正确认识上述三点才是最重要的。”

听到这里，润熙才知道眼前的这位博士正是之前自己在网站里遇到的那个人。

此时，坐飞机前往釜山的顺奎睡得正香，虽然有恐高症，但那天登机没多久就睡着了。在飞机正冲上云朵时顺奎做了个梦。他梦到自己挽着裤角站在河水中，天色慢慢黑起来，河水也变成了深蓝色。远远地他听到了润熙的声音，但是左右看了一下都没见着润熙的身影。这时顺奎突然发现远处有光亮，是萤火虫。顺奎头一次见到萤火虫，很好奇地跟了过去。萤火虫转过了角落，顺奎跟到那里时看到了润熙正坐在那边哼着歌曲。萤火虫飞过，润熙也渐渐消失了。

第 2 周胎教重点

◇ 为了生个健康的宝宝，让我们来彻底审视一下自己是否做到了以下三点：第一，您和丈夫都健康吗？如果不确定就需要进行检查；第二，要是怀孕了，您能保证充分的营养吗？第三，有没有信心克服怀孕期间会碰到的各种压力？孕妇要乐观地面对每一件事情，只要放平心态，任何人都可以轻松解决压力。

◎胎梦一般会出现在怀孕后，但是，往往在受精之前也会有象征怀孕的胎梦。另外，周围的亲朋好友也可能替代做胎梦。

◎饮食要点：怀孕期间最好养成细嚼慢咽的习惯，这样可以提高消化和吸收率。

第3周　精子与卵子的相遇

大家好！等待许久，我终于可以和大家打招呼了。在未来的38周内，我会健康茁壮成长。如果按照每周进行详细说明的话，估计写一本书都不够（和我自述我的成长过程无关，我爸爸妈妈的故事也会继续下去，博士的唠叨也会继续）。

首先我的登场说明受精成功。从妈妈卵泡里出来的卵子遇到了游过输精管的爸爸的精子。开始细胞分裂的我，经过4~5天的时间顺着输卵管移动着。1周后终于到达了妈妈的子宫并在这里安了家。即使我怎么大张旗鼓地游过输卵管，妈妈也不会有感觉。在此阶段只是细胞分裂而不是细胞成长，所以，用肉眼是看不到我的。但是实际上我已经开始分化了。

润熙醒来时已经是凌晨5点了。她比平时醒得早1小时，想闭上眼睛接着睡却睡不着。顺奎还在熟睡着，呼吸声很轻。润熙走到客厅，打开了阳台和客厅间的窗户，一阵清风扑面而来。润熙深深吸了口气，伸了伸懒腰。

再次进到卧室时顺奎仍在睡着。润熙给他盖被子时不经意看到了印花裤头的中间凸了起来。润熙突然想起来之前读过的一本漫画书，那是她在补习班里当老师时没收的一本日本成人漫画，书中的主人公喜欢恶作剧，曾经把熟睡中的人的内裤给扒了下来。

润熙突然也想捉弄一下丈夫。反正顺奎睡得也早，即使把他弄醒了也不会影响到白天的工作。就这么办了。

3分钟后，润熙完成了她的恶作剧，她抑制住自己的兴奋，暗自笑了笑，躺回到顺奎身边。

润熙决定弄成顺奎翻身时自己弄掉的假象。可脱下来容易，再给穿上就难了。这时顺奎突然笑了起来，笑了半天，婚后还是很少看到顺奎笑得这么开心。

“哎呀，因为睡不着开了个玩笑嘛。没关系吧！重新给你穿上不就行了嘛。”润熙有点不好意思，也有点不知所措，“穿上吧，给你恢复原状。”

顺奎开了口：“有必要吗？你难得有今天的兴致，那我们是不是要纪念一下呢？”

顺奎搂过润熙，两人度过了一个甜蜜的早晨。

当天，顺奎上班迟到了 20 分钟。

第 3 周胎教重点

◎ 夫妻生活中，微小的变化也是很重要的调节。尤其是对于男性来说，因为对性的欲望相对强烈，所以妻子的一点点变化也会让丈夫感到很大的刺激。

◎ 为了生出健康聪明的宝宝，夫妻在性生活中双方都能达到性高潮是最好的。尤其在前戏部分要心情愉快，比如窃窃私语或者抚摸对方的脸颊都是很好的。

第4周　等待许久的怀孕

欢迎入住者！

居住条件：世上最温馨的公寓

空间大小：初期无限大，7个月后可能有点挤，但是还可以忍受

居住费用：免费

入住期间：大约9个月（根据情况，有些变化）

入住条件：不区分性别

其他优惠：免费供应三餐（通过血液供应美味的氧气和营养）

我终于顺利进入妈妈为我准备的房间了。还没有长眼睛的我是怎么读懂上述的欢迎词的呢？告诉你吧，我是用心去感受的。我最近会吐些透明的泡沫，这些泡沫慢慢形成了保护我的膜。

我总想说点什么，虽然没人教过我，但是我一直反复说着“妈妈”。

离上次“内裤”事件已经过10天了。

那天过后，润熙才知道那天正好是排卵日。润熙拿出了3个月前买的笔记本，详细记下了当时的情景，留作纪念。

润熙重新翻开了《顺利怀孕百科全书》，仔细查阅了怀孕初期的反应：因为子宫增大压迫膀胱，所以经常会有要小便的感觉；因为体温的上升，感觉如同得了感冒一样；空腹时会出现呕吐现象；因为黄体酮的分泌，肠胃受到影响，会出现便秘；因为体内雌激素水平升高，乳房会变大；斑点和妊娠纹也开始出现并变多。

但是润熙没有出现上述任何症状，不免有些失望。上午 10 点，润熙准备洗衣服。换内裤时她发现了上面有模糊的血迹。离生理期还有两天，这到底怎么了？是不是该去医院检查呢？一个接一个的问题出现在润熙的脑海中。

可是，4 天过去了，月经并没有没到来，润熙顿时高兴了起来，心中又燃起了希望。

又过了 4 天，润熙很准时地在早上 6 点起了床，叫醒了身边的顺奎，直奔卫生间。

当初在计划怀孕时他们就曾约法三章，其中一项就是要两人一起确认怀孕，而不是润熙一个人自己躲在卫生间偷偷确认。当顺奎把手里的怀孕试纸放到盛有润熙小便的容器时手都在发抖，测试结果是，润熙真的怀孕了！

第 4 周胎教重点

◎一般月经日过后 10 天便可以查出是否怀孕。但是有时由于过于期待怀孕，月经也会推迟。脑垂体产生的性腺激素决定着月经的周期，身体的疾病、生活环境的变化和工作上的压力都会影响性腺激素的分泌，因此，女性的生理周期也会有所变化。

◎胎儿现在怎么样了呢？准确地说，现在肚子里的宝宝还称不上是胎儿，而是胚芽，它被包在胚囊当中，从中获取营养。胚芽着床 5 天后，就真正开始成长了。

◎饮食要点：为了怕孕期便秘而过度摄取乳酸菌并不好，这会影响身体自身的正常调解功能。可以多摄取富含纤维素的食品，如海藻类。适当运动也可以很好地防止便秘。一旦得了便秘很容易转化成痔疮，所以要积极预防。

第 5 周 压力是孕妇的天敌

爸爸只兴奋了 1 周就恢复到常态了。在我看来，妈妈是个外向的人，而爸爸有点内向，从他们的谈话当中就可以听得出来。

自从有了我，今天还是妈妈和爸爸第一次去医院，在医院里还碰到了一位很不错的医生。

我目前的状态还只是胚胎而不是胎儿，大小只有 0.4 厘米长，是个很脆弱的小苗哦。头部占了整个身体的一半，就像个蝌蚪似的。我觉得头部真的很重要，因为我自己都觉得头部是最先发育的，我吸收到的营养也是先送到了头部。

虽然润熙已经拿试纸验证过自己怀孕了，但是在走进医院的瞬间，还是觉得很紧张。这里正是金博士的医院。一想到要在陌生的医生和护士面前脱掉衣服接受检查，她就觉得很尴尬，真怕还要接受自己从未经历过的检查项目。其他孕妇也和润熙差不多，都不是很轻松的样子。

但是有顺奎的陪伴对润熙来说是很大的安慰，所以接下来的检查进行得很顺利。曾经多亏了博士的解释，她才能从排卵日没能成功怀孕的纠结中解脱出来。

拿到了血液检查并确定怀孕后，润熙告诉博士自己正是在两个月前在网上询问过排卵问题的女性。

博士向润熙介绍了胎儿的现状。

“怀孕 5 周，胎儿已经比受精时大了很多，大概有米粒那么大了。从现在开始子宫也会随着胎儿的成长而慢慢变大的。”

“记得当时您在广播里说过一定要注意压力问题，这是为什么呢？”

“压力会通过血管传输到各个器官，包括胎盘。因此，妈妈的所有压力都会转嫁到胎儿身上。”

“我之前一直认为压力只是神经系统的事呢。”

“其实并不是那样，假设你被某人批评了，心情变得很坏，这时产生的压力会传达到大脑，分泌出的激素会使子宫血管收缩，以至于影响传送给胎儿的血液量，导致供血不足，换句话说，就是血液供给的氧气不足。氧气是体内营养素的重要部分，如果供应不好，最后就会影响胎儿大脑的发育。”

“可胎儿现在还处于未发育阶段，已经有血液了吗？”

博士听顺奎这样问，突然把耳朵贴到润熙的肚子上。

“啊！我刚刚好像听到孕妇的肚子里有人在说‘爸爸，您是在无视我的存在吗？’到了怀孕5周时，胎儿体内的细胞形成已经很旺盛了，所以不要小看人家了。下次来医院时，建议你们提前给胎儿起个好听的名字，也可以给我发个邮件告诉我。在怀孕期间有什么紧急情况或者有什么疑问就给我打电话或者发邮件。”

“那您能记住我们是谁吗？”

“那么请告诉我怎么称呼两位好呢？”

顺奎想了想：

“那就先叫我们‘透明袋’和‘海绵’吧。”

“很有趣嘛，怎么会有这么奇怪的名字？”

“这是我们大学时代的绰号。老婆因为个性单纯所以被叫做‘透明袋’，我嘛……”

“让我来猜猜吧，是不是因为您的感情太细腻才被叫做‘海绵’的呢？”

“说好听点就是这样，其实我有时有点脆弱。听说您绰号叫‘摇晃’博士，这是为什么呢？”

“这个嘛，首先我想改变一下大家对胎教的固有想法，大家往胎教里砸钱的行为本身就是个错误，所以我便想改变大家的想法，还有‘摇晃’的另一层意思是 Stimulate，刺激的意思，即胎教的核心是刺激学，就是把你们的爱传递给胎儿。”

聊了很多以后顺奎和润熙结束了和博士的第一次会面。

第 5 周胎教重点

◇孕妇需要呼吸新鲜的空气，所以睡觉时也尽量开个门缝，保持室内温度在 23℃即可。

◇若不是计划怀孕，可能不会太在意生理期的推迟，所以建议夫妻有计划地怀孕，这样就可以避免流产。

◇怀孕后容易产生疲惫感，如果孕妇是全职太太的话可以养成白天小睡 30 分钟的习惯。如果孕妇仍需要工作，每天晚上可以比平时提前 30 分钟上床休息。若家里有宠物，最好暂时寄养在别人家里。

◇知道自己怀孕后，最好先把工作放到一边，花点时间考虑胎教的问题。一定要摆正心态做好胎教。

◇饮食要点：巧克力和可可豆是含有咖啡因的食品，所以要克制。

第6周　孕期喜欢夫妻生活的理由

比起爸爸，我还是和妈妈比较亲近。我现在还很难了解爸爸到底是什么样的人。看来，我还是需要一些时间去认识妈妈以外的其他人。

我现在住的这个房间，可能是因为顶梁柱不是很光滑，所以住着不是很舒服，感觉有一阵大风就会被吹走的样子。所以目前我最依赖的就是妈妈了。

我的脸部终于有轮廓了。但现在这个阶段，我脸部的各个部分还是以褶皱形式体现，所以还需要一些时间去展示我端正的脸庞。我的浑身上下已经开始长出细细的毛。如果大家看到我的样子，还是英文字母C的形状，而且应该是在熟睡。看到我这样的外表，别以为我就是一个过于安静的孩子，千万不要担心哦！

金博士您好！

您还记得"透明袋"和"海绵"吗？我们1周前去拜访过您。最近我从同事那里听到两件事，觉得有些担心，所以今天特向您咨询，希望能得到您的帮助。

问题一，怀孕期间过夫妻生活会影响胎儿的智力吗？

问题二，因为我的工作长期接触电脑，听说过度使用电脑会减少雄性激素，还会影响胎儿的性别，请问是这样的吗？

两天后，顺奎接到了回复邮件：

近期我计划写一本书，探讨一下当下人们对于怀孕的错误认识。

第一个要提出来的错误认识就是您提出的第一个问题：怀孕中的夫妻生活会影响胎儿的智力。事实上，孕期的夫妻生活不但不会影响胎儿的智力反而有益于胎儿。

首先，胎儿是被羊水包围保护着的。这一层厚厚软软的液体层会防止外部炎症的侵入。所以生活中的一点点外部刺激是无关紧要的。

此外，阴道里的精液会搅动子宫里的羊水，使其发生微微的波动从而刺激胎儿脑神经的发育。最重要的是，在孕妇达到高潮时感到的强烈的兴奋也会传达给胎儿，这非常利于他的成长。不仅如此，精液在孕妇的阴道里可以起到杀菌的作用，所以还可以提高孕妇的免疫能力。

等到胎儿的听觉器官发育到一定程度时，夫妻双方在恩爱时可以多谈些爱人之间的甜言蜜语，这样胎儿会感觉到父母的恩爱。如果夫妻在怀孕中后期过性生活时观察胎儿，可以发现此时的他尤为活跃，有条件进行超声波检查的话，可以发现男孩儿的生殖器呈勃起状态，天生的性欲，从胎儿时期就能看出来。

在孕早期，孕妇往往会因为担心流产而排斥夫妻生活。但事实上，因为性生活导致流产的情况很少，大多数流产都是自然流产，是由于胎儿自身的优胜劣汰。但是从你们目前的情况看，我个人认为两周之内尽量不要同房。这不仅是因为胎盘发育还未成熟，而且此时的孕妇会对夫妻生活比较排斥，所以丈夫的要求会给孕妇带来心理负担。

对于夫妻生活，有些人会在怀孕中期感到比孕前更愉快的快感。这是因为盆腔内的血液循环好而容易达到高潮，但是这也是因人而异的，所以请丈夫们和自己的太太讨论后再同房。还有一点就是在孕期不要强调高潮的快感。因为当丈夫过分要求快感时可能不经意间会把整个身体的重量都压到孕妇身上。在性生活过程中丈夫要格外小心不要压到妻子的腹部。在正上位时，丈夫应该拿胳膊肘去支撑一下身体的重量。我比较倡导侧卧方式。

在怀孕 8 个月后，只要孕妇本身不是很排斥的话，不用刻意回避夫妻生活。但是在这个时期，孕妇的产道和子宫比较脆弱，酸性也比较弱，所以尤其要注意卫生，防止细菌的感染。

当然，很多时候要根据孕妇和胎儿的情况尽量减少夫妻生活。比如女性曾有过习惯性流产，或者出现阴道见血、子宫痉挛等情况时，应避免过夫妻生活。

性生活前的乳房爱抚也尽量不要超过 10 分钟，因为乳房分泌的激素会刺激子宫收缩。

关于您的第二个问题，目前还没有科学依据可以确定过度使用电脑会影响雄性激素分泌。雄性激素的分泌只是因人而异的。实际上，根据使用电脑的环境不同，产生的影响也是不同的，所以不必过度担心。民间流传的男性过度使用电脑会导致生女孩，这其实是没有任何科学依据的。

第 6 周胎教重点

◎ 倡导孕期中的夫妻生活。但是，有阴道出血、羊水渗出和习惯性流产等现象和一直处于治疗阶段的孕妇要注意安全。

◎ 这一阶段的胎儿正在飞速成长。若以现在的速度继续成长 10 个月的话，胎儿肯定会变成一个巨人。这两周的时间是腿和脚发育的重要时期。胎儿腿、脚发育过程看似像发芽，然后慢慢发育成小鱼状。胎儿的身体里也发生着巨大的变化，肺部已经开始生成，眼睛、消化器官和肠胃器官也开始形成。大动脉也是从此时开始发育的。

◎ 饮食要点：孕早期，孕妇可以多摄取一些富含高蛋白和钙的食物，这些是胎儿脑部发育和骨骼生成的必要营养素。每天钙质的需求量是 1200 毫克。牛奶、骨头、海鲜和深绿色食品里都富含钙质。

第 7 周　孕期失眠症

最近妈妈总是站在镜子前照自己的侧身。她抚摸着自己的肚子时，一会儿笑，一会儿又表现出很不安的神情。

此时的我还非常渺小，所以估计妈妈还不知道我在哪里。但我的基本神经系统已经形成，所以对一些外部的刺激还是能做出反应的。

我的肌肉收缩引发的身体移动像蝴蝶振动翅膀一样轻，所以，妈妈仍然感觉不到胎动。

比起受精初期，我已经长大了 1 万倍了，是不是很快啊？所以，我需要很多的营养成分，也需要从妈妈的身体吸取更多的营养。

真担心妈妈会因为妊娠反应而讨厌我。

因为润熙采取的是计划怀孕，所以并不用担心前 3 ~ 7 周疏忽而服用药物的事情。而且现在还没有任何妊娠反应，但是润熙还是会因为别的事情而烦恼。

润熙从小就习惯趴着睡觉，换个姿势就很难入睡，现在还是这样。所以每天被闹钟叫醒时，顺奎睁眼看到的是天花板，而润熙睁眼看到的是床单。

怀孕初期，润熙时时刻刻小心翼翼的，连走路的速度都放慢了，过马路时也恨不得后脑勺都长着眼睛。因为自己以前总习惯趴着睡觉，所以在怀孕 7 周时她就开始练习采用侧卧或者平躺的姿势，但总是折腾到半夜还没睡着。

这种状态持续了 4 天，这让润熙不由得想起了高中时的失眠经历。

那是一次在上学的路上看到了严重的交通事故，竟使她产生了心理阴影，导致失眠一个多月，最后不得不去接受了心理治疗后才得以痊愈。现在润熙突然担心是不是因为又回想起那些事情才不能入睡，更担心自己的失眠会影响到胎儿，越担心越睡不着，形成了恶性循环，心情非常糟糕。

润熙再一次打开了网页进入到博士的论坛里，想看看有没有和自己有着相同苦恼的人。正好有人向博士咨询失眠的问题，担心孕妇的失眠会导致孩子出生后有先天的失眠症。

博士给出了如下回答：

一般孕妇在孕早期或多或少会有些心理压力，加上对分娩的恐惧，所以容易失眠，另外，有过流产经历的孕妇会更担心害怕，压力也会更大。但是失眠现象到了孕中期就会慢慢消失。此时孕妇最该担心的不是失眠现象本身而是这种不安的心理状态。

几天的失眠不会影响到胎儿的成长。胎儿的睡眠时间跟妈妈的睡眠时间并不是一致的，他在妈妈的肚子里想睡就睡，睡够了随时就起来。其实有些孕妇的睡眠时间并没有多大变化，但是由于过度地关注，使得她们误以为自己得了失眠症。科学研究数据表明，白天如果需要小睡，时间在 30 分钟左右为最好，白天过度地休息反而不利于晚上的睡眠。

在怀孕初期也不必刻意注意睡眠姿势。胎儿成长到一定程度后，孕妇会感到下腹下坠，到时就会很自然地采取最安全的睡姿。但是出于缓解疲惫和促进血液循环的目的，还是建议采用侧卧方式。

看到了这些内容以后，润熙放心了很多，立即给顺奎打了电话。顺奎挂了电话后又和丰代理聊起了润熙失眠的事。丰代理传授了他所知道的催眠的好办法。一个是上床后读读《圣经》中的旧约。要是这个方法也不起效，还有第二个好办法，就是躺着把电话簿里出现的名单依次读一遍，保证很快就能入睡。顺奎决定回家后让润熙试一试。

那天顺奎回家时已经是晚上 9 点了，按了半天门铃也没人开门。当他拿出钥匙打开房门后见润熙已经蜷着身子在沙发上睡着了，电视还开着，正播放着中级法语对话节目，原来润熙已经找到了她自己的催眠方法了 。

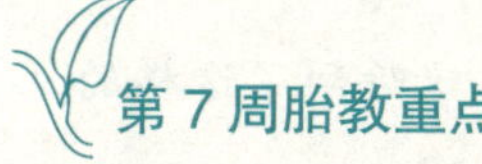

第 7 周胎教重点

◎ 为了生个健康的宝宝并且轻轻松松地完成胎教，最好的办法就是按照人的生理时间去进行胎教。胎儿一天一般会睡 18 小时以上，但其中一半以上时间都是假性睡眠，所以很难判断胎儿的作息时间，因此只能按照孕妇的生物钟去做胎教。根据美国洛克菲勒大学的研究，一般情况下，人类的生物钟的差异不会很大，即上午 7 点时体温上升、脉搏加快，中午 12 点时视觉最清晰，下午 2 点前后记忆力最差，下午 3 点多工作效率最高，下午 5 点左右食欲最旺盛，晚上 8 点听力最灵敏。根据这个研究结果，在怀孕后期给胎儿做听力胎教时可以选择在晚上 8 点左右进行。

◎ 本周胎儿的发育状况是：鼻子和舌头已经开始形成，通过超声波可以看见他模糊的轮廓了。皮肤表层也慢慢形成，心脏也快速成长，之前看到鱼身子般的手也开始分化出手指，腿脚也形成了脚踏板的样子。

◎ 饮食要点：建议摄取不易导致上火的食物。如果呕吐得厉害，可以摄取一些低温杀菌的巴氏牛奶和鲜橙汁儿。

第8周　孕期洗浴应注意水温

今天是超声波检查的日子，我头一次看到了自己的样子哦。比起预定的检查日子提前了4天呢，妈妈真是急脾气。

在我从遥远的星球往妈妈的肚子里赶的时候就听到了这样的声音：“无论你是男孩还是女孩，爸爸妈妈都爱你！”

虽然不知道是从哪里传来的声音，但是我还是记忆犹新。可是，男孩是什么，女孩又是什么呢？

近期我已经长到2厘米了，体重也达到了5克。能像我长得这样快的，估计也就只有喇叭花了。最近我也在想，我是不是长得太快了，真担心照这样下去我的房间会不会太小了呢？

虽然克服了失眠，但是润熙还在被其他的问题困扰着。有一天她做了个噩梦，梦见了自己在分娩室头一次和孩子见面的场景，发现孩子脸部的各个器官全部走形，以至于都认不出来了。婆婆失声痛哭，顺奎却不知踪影。

自从做了这个噩梦以后，润熙就恐惧黑天的到来，心情也很郁闷。那天晚上要不是和大学前辈王美子通了电话，恐怕润熙会再次患上失眠症。王美子的劝说相当有说服力。她说，孕妇在孕期一般都会做几次噩梦，不做噩梦反而是不正常的。

可能是心里还是感到不安，润熙从那一天开始特别渴望知道胎儿长什么样。原计划是周末去医院做检查，但是润熙等不到那个时候了。虽然周末时可以和顺奎一起去，但是此刻她着急要先见见孩子的样子。下午3点，她穿好衣服就直奔医院。

到医院时已经是下午 4 点 20 分了，润熙报了名字后先去了趟卫生间，从家里出发时就一直憋着小便来着。

金博士竟然还记得润熙，一见面就问她："还没有起好胎名吗？我怎么还没有收到你们的邮件？"

"是的，那个嘛，还没有很好的主意……"

在做超声波检查之前，润熙还是忍不住问了一下："医生，我的子宫比较小，会不会影响胎儿的成长呢？生出个特小的婴儿可怎么办？"

金博士看了看检查记录本，轻声对润熙说："子宫的大小和胎儿大小确实是成比例。但是一般到了 12 周以后，子宫的大小才会影响胎儿。所以，到了 12 周以后才能看出胎儿是否正常，是否有问题。"

"不是，我的意思是我的子宫比一般人都小。"

"那也是子宫啊，不是吗？"

"……"

"您是说骨盆吧？"

润熙突然发现是自己的口误，露出了尴尬的笑容。

"哎呀，是我搞错了。是的，是我的骨盆较小。"

"只要不是特别小的骨盆，一般是不会影响到胎儿的。另外，我看了您的检查记录，您骨盆的大小应该属于正常范围，不必担心。"

润熙跟着金博士来到了彩超室。进行超声波检查的医生往润熙肚子上抹了凝胶后拿着扫描头探来探去。润熙长这么大从来都没这么紧张过，好不容易才安抚了紧绷的神经，润熙看到了画面。其实在这之前，润熙已经在书里看到过第 8 周左右的胎儿是什么样子的。医生看了 10 秒左右也没看到胎儿的行踪，按照润熙掌握的知识，此时应该很容易就捕捉到胎儿的位置。

一直注视着屏幕的金博士突然摇了摇头。

"博士，这是怎么回事？我的孩子到底在哪里？"

"看来是个非常淘气的孩子啊。"

“淘气的孩子？”

“您之前是不是去过卫生间？”

“是的，因为从家里就一直憋着，所以……”

“做超声波检查时，若膀胱里没有充分的尿液，超声波是传不到里面的。所以看到的画面也不是很清楚。”

“那怎么办呢？”

“记得您应该是周末来做检查。”

“实在是等不到那个时候了，我很想看到孩子的样子，怎么办呢？”

“您平时喜欢看电视节目吗？”

“啊？”

“电视节目。有很多有意思的啊。”

“我怎么不觉得啊！”

“呵呵，那您平时不看电视还有哪些消遣呢？孕妇最好一直保持平稳的心态，但是也不能无聊。您丈夫的公司是在哪儿来着？几点下班？”

“啊？在江中洞，一般6点下班。”

“看来也不是很远嘛，给丈夫打个电话吧。我们医院是6点30分下班，咱俩打个赌，看看他现在就出发，能不能在6点30分之前到达这里！”

博士边说边在润熙眼前晃了晃5根手指头。

“您是赌5000韩元还是5万韩元？”

“是5个炸面包圈。我们医院门口有家烘烤店。”

润熙顿时松了口气，露出了微笑。

“一会儿您和丈夫一起看看超声波，周末有时间的话去旅行吧。”

“旅行？因为担心流产，所以想都不敢想啊。”

“一般孕妇在12周之前都不会选择旅行，但只要不是长途旅行就不会有大碍的。但是徒步旅行和泡温泉还是要注意一下。”

“温泉为什么不可以？”

“泡温泉的地方人比较多，容易感染病菌。即使不出去泡温泉，在家

里洗淋浴也要小心。尤其是在胎儿脑细胞活跃发育的阶段，一不小心可能会生个无脑儿或者脑部有缺损的孩子。因为对于一个仍在胚芽阶段的胎儿来说，氧气供应是非常重要的。在身体的各个器官活跃形成阶段，一旦氧气不足会使器官分化不全。水中分娩之所以危险也在于此。当然，孕妇还要避开高温环境。人在浴池里会觉得呼吸困难就是因为氧气不足。不想生个畸形儿的话，在家里也要用温水洗浴，还要轻轻地搓揉。要是非要定个温度标准的话，水温最好不要超过36℃。对了，给你们推荐一个很适合周末旅行的去处吧，就是果川赛马场附件的草地。”

6 点 20 分，润熙和博士走出了超声波检查室。润熙边看着节目边掐着时间。顺奎到达医院时正好是 6 点 30 分。

重新做超声波时发现胎儿很健康，发育得也很好，看似像个小鱼幼苗。博士告诉他们现在可以看到胎儿的手腕，但他们是初次看超声波图像，所以可能看不出来。胎儿的脖子和身子也笔直地长出来了，下巴和脸部肌肉开始慢慢形成，嗅觉神经也是此时形成。

润熙看到了超声波的画面后激动得忍不住哭了，这是她怀孕 6 个月以来第一次掉眼泪。顺奎也很激动，都忘记给润熙擦眼泪。那天顺奎买了 2 万韩元的炸面包圈，送给了因为自己而加班的护士们。

顺奎和润熙周末真的去了赛马场。那里的人们估计都把注意力放到了赛马上，根本没有注意到身边美丽的草坪，他们更不会享受从树荫边吹过来的微微的风。

去草坪的路上顺奎顺便也买了张赛马票，而且运气相当好，赌中了第一名和第二名，所以，不仅把之前买炸面包圈的钱赚了回来，还剩了 3000 韩元。

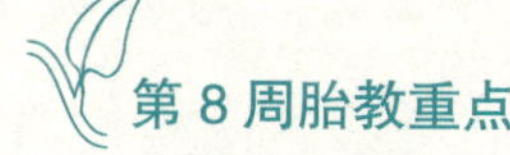

第 8 周胎教重点

◇ 胎儿的智商会受到遗传基因的影响。但是事实上，遗传基因决定智商的概率也只有50%左右。也有高智商的父母生出个不聪明的孩子的，这足以证明遗传基因不会决定一切。根据美国匹兹堡大学针对5名孩子研究的结果表明，比起遗传基因，宫内环境也同样重要。那么左右宫内环境的因素是什么呢？就是充分的营养元素、没有压力的环境和杜绝有害物质的环境。还有，孕妇要少发脾气，每天都保持良好的心态，这是杜绝压力的最好办法。

◎从现在开始可以通过超声波看到胎儿的样子了，孕妇也会更加“孕”味十足。为了防止流产，孕妇尽量避免抬举重物，也不要采取蹲姿。

◎饮食要点：即使非常喜欢甜食也尽量不要过多摄取糖分，如糖块、巧克力等，可以多吃些水果。

第 9 周　治疗早孕反应的方法

真是担心啊！这周开始妈妈总是呕吐。吐得最厉害的一天，妈妈竟然对着卫生间的镜子号啕大哭，还无缘无故地把怨气撒到爸爸身上。

我最近比较喜欢用胳膊或腿撞撞妈妈的腹壁，但是妈妈似乎没有感觉，无论我怎么使劲儿她都没有反应，反而在我睡觉时她总喜欢碰碰我。有时感觉妈妈的打扰有点烦，我就转身不理她

我现在可以自如地玩耍了，是不是说明我的脑神经已经能很好地控制肌肉的活动了呢。如果仔细观察我，可以发现我的眉毛都已经长出来了。不久后，膝盖和脚腕处凹进去的部分也会形成，接着胳膊肘也会长出来，头部和身子也能区分出来了。总之，我现在已经具备完整的身躯了。不仅如此，我的脸部也开始慢慢变得漂亮了。耳朵看起来还有点耷拉着，但是随着脑袋的变大，耳朵也会立起来的，所以不用担心哦。我的舌头也开始慢慢长出来了，但是估计妈妈是看不到的。

间歇性的呕吐把润熙折磨得很是痛苦，甚至一打开冰箱门飘出来的气味都让她觉得恶心，顺奎每天上班前也不得不扔掉没装满的垃圾袋。听说有些孕妇会吐得舌头起溃疡或者食道出血，润熙还没达到那种程度，所以也就没有去医院。但是润熙觉得妊娠呕吐真是难受，在这之前润熙可是连车都没晕过。

有些时候，润熙看到顺奎像没事人一样就觉得生气，本该一起分担的人生痛苦，丈夫怎么可以自己那么轻松快活呢？真是不公平。

润熙的状态极其不好，顺奎也不知该如何安慰，只能随时问问她想吃点什么，可是润熙的回答永远是不知道，还经常用埋怨的眼神瞪着他。看着润熙这样，顺奎也有点失望。但是一想到润熙也是因为妊娠反应才会这样，所以也只能默默祈祷赶紧度过这个时期。

润熙的大学前辈王美子知道她怀孕后到他们家来看她。王美子是一家杂志社的编辑，有个两岁多的儿子。她来的时候正好看到润熙高抬着腿躺在地板上喘气，很心疼地说："你知道对于妊娠呕吐的最大误解是什么吗？就是孕妇们往往担心因为自己的呕吐导致胎儿营养不良。"

"是啊，我也担心。"

"不用担心的，即使妈妈再怎么呕吐，也不会耽误输送给胎儿的营养成分的。因为胎儿摄取的是从母体内已经转化好的营养成分。这些我也是从医生那里听到的，阅读相关文章时看到专业权威人士也是这样说的。"

"那就是说，妊娠呕吐程度的轻重不会影响胎儿的健康，是吗？"

"是的，但是呕吐厉害的话可能会脱水。所以问题在于孕妇如何去看待这个问题并化解因此而产生的压力。要调整饮食习惯，也不要给自己太大的心理压力。空腹时反应会大些，所以要保证少食多餐。可多喝些低温杀菌牛奶和果汁儿，但是不要喝冰凉的饮料。走路时挺直腰板，休息时尽量侧卧……能做到这些也能减轻点妊娠的痛苦。也不要有思想负担，接受妊娠呕吐的事实，并且认为这正说明孩子在茁壮成长。"

"呕吐厉害是孩子成长的象征？"

"按照常理来讲，妊娠呕吐强烈是说明体内胎儿的新陈代谢很旺盛，旺盛到妈妈的肝脏代谢都无法承受的程度，胎儿的成长建立在妈妈的痛苦之上。还有人说，孕妇反应大的话胎儿的体质多像爸爸，反应不大胎儿的体质多像妈妈。虽然没有科学依据，但这样想不也可以减轻一下心理负担嘛。总之，你要调整好心态，不要因为孩子是两人的，丈夫用不着遭受这些痛苦就冲丈夫发脾气，如果人家反抗不就吵起来了嘛。不管怎么说，男人生不了孩子，所以你埋怨他也没有用，还不如让他多做点事。”

“姐姐怀孕时没因为呕吐遭罪吗?”

“我到了怀孕6个月时才突然开始吐，一点食欲也没有。至医院检查后才知道我那个并不是妊娠呕吐，是因为胎儿长大后挤压到胃部引起的临时性呕吐现象。那时就要注意妊娠中毒症，所以我在后期也很注意。”

“还有个不确定的问题，就是呕吐很厉害时，我经常吃不下东西，不会影响到孩子吗?”

“一直持续那种状态肯定会有问题的，但是，一般严重的呕吐都是暂时性的。即使孕妇一天里光喝水，胎儿也会吸取妈妈体内储存的营养的。所以，你就不要自寻烦恼了，明白了吧?”

“以后我该怎么吃呢?”

“介绍五花八门的孕妇餐的书有很多，但是好多都比较复杂。我总觉得为了一道菜肴，孕妇要花很长时间辛苦去做还不如不做了。虽然很需要美味佳肴的营养成分，但是让这个过程成为压力就不好了。我那时也是根据医生的指导，按照孕期的每个阶段抓住饮食重点。首先，在孕早期要多摄取蛋白质和钙质，此时胎儿所需的营养量相对来说较少，所以能保证质量就行。到了孕中期，食欲会有所增加，不仅要多摄取胎儿大脑和肌肉发育所需的高蛋白食品，还要摄取有助于胎儿骨骼发育的高钙食品，就是说要质量和数量一起抓。孕后期，除了补充蛋白质以外还要多摄取维生素。为了防止妊娠中毒症，不要吃得太咸或者过度摄取水分。”

“姐姐的这些知识都是从哪学来的?”

“我当时也买了书，另外，每次去医院检查之前就准备一个问题，向医生请教。妊娠呕吐、胎儿的健康和孕期饮食的内容也都是我问出来的。”

“啊，这真是个好习惯啊，看来我也得这样做。”

“就是啊，这些本身就是孕妇该知道的。对了，孩子的胎名起了吗？”

“没有。”

“你自己感觉是儿子还是女儿？”

“我们说好不计较男孩女孩的。就如姐姐所说，肚子里的胎儿也有权利保护自己的隐私嘛！”

“保护隐私？也有道理啊！”

这时，顺奎在公司也正听丰代理在那热火朝天地讲如何判断孕妇肚子里怀的是男孩还是女孩呢。

“让你老婆往前走，在后面叫她，要是她从左面转过来肯定是女孩。还有，孕妇肚子往前方凸出怀的是女孩，往侧面发展怀的就是男孩。”

另一个同事嘲笑他：“你那么明白，怎么生的都是女孩呢？”

“那是老天的安排，加上我并没有重男轻女的思想啊。”

这时电话铃响了，有同事接了电话后突然叫起来：“谁是‘愿男’的家长？这里谁家孩子的名字叫‘愿男’？幼儿园的电话。”

顺奎着急地回答：“‘愿男’不是丰代理的女儿吗，快点接电话呀！”

丰代理说自己没有重男轻女的思想，却给女儿起名叫“愿男”，引来大家一片笑声。

第 9 周胎教重点

◎ 人们往往根据孕妇肚子的形状和饮食习惯去判断胎儿的性别，但是这些都是民间说法，并无科学性，所以不要过于在意这些。

◎ 妊娠呕吐厉害说明胎儿很健康，所以，对于妊娠呕吐不要有过大的压力。呕吐程度因人而异，在清晨和空腹时比较严重。有时妊娠呕吐伴随着头痛现象，过些日子，头痛现象会自然消失，所以不要滥服头痛药。

◎ 本周开始算起，每月最少也要做一次产前检查。

◎ 孕期一定要小心电磁波。不要使用电褥子，如果一定要使用电脑，也尽量使用笔记本电脑，台式电脑的辐射相对较大。需要每天面对电脑工作的上班族孕妇，尽量穿上防辐射服。手机使用也要有所节制。还有就是，有些孕妇会在怀孕后期买听胎动的机器，其实这些都是百害无益的，也不要买插入腹带式的胎动器，拿机器过分刺激胎儿反而对胎儿不利。

◎ 饮食要点：维生素 B_6 有助于预防妊娠呕吐，肉类、动物肝脏和蔬菜中富含维生素 B_6，可以多吃一些。

第10周　孕期分泌物增加的必然性

妈妈的呕吐现象现在好了点，但是，我发现妈妈以吃东西的方式去缓解压力，我真希望妈妈千万别这样了。虽然我也知道，今天妈妈和爸爸吵了架，心情不好，可妈妈吃太多的话我会非常不舒服的。所以，以后请妈妈少食多餐哦！

我也到了生殖器发育的时期了。我其实也不想隐藏我的性别，只是现在还是形成阶段，我也不是很确定自己到底是男孩还是女孩。

我的脚现在开始分化出脚趾了。不久以后就可以看到我可爱的脚丫了。心脏也发育得差不多了。比起1个月前，我的个头又长大了4倍呢。

怀孕后的第一次夫妻大战终于爆发了，虽然此前润熙忍了很久不让自己发脾气。

两天前，顺奎凌晨才回家，虽然临下班时已经告诉润熙会晚点儿回来，但是实在是太晚了。事实上，顺奎也是迫于无奈。公司内部组织变动，有个同事要换部门，大家一起欢送一下。本来想聚餐结束后就溜出来的，结果被喝多的部长抓个正着，没办法就只好又跟着去唱卡拉OK。虽然顺奎喝得不多，但又不好扫大家的兴，只得跟着一起又唱又跳的，不知道什么时候衬衫上还被女舞伴印上了口红印。

顺奎回家时亏得润熙已经睡着了，他蹑手蹑脚地脱掉衣服扔进了洗衣机，冲了个澡就躺在沙发上睡了。

第二天顺奎下班到家时已经是下午6点20分。愧疚于前一天的晚归，顺奎想做点事情讨好润熙。他帮润熙放好洗澡水，给润熙搓了背还做了按摩。当晚两人很小心地有了怀孕以后的第一次夫妻生活。润熙看起来也忍了好久，所以两人都很投入，事后都非常满意。

两天以后，润熙换内衣裤时吓了一跳，发现自己白带增加了很多。当天下午，她又换了一件内裤，而且突然觉得下身也痒起来了。

润熙心情有点不好，突然想起来好几天没洗衣服了，便打开了洗衣机的盖子，习惯性翻翻堆在里面的衣服的衣兜，就在这时，她看到了顺奎衬衫上留下的紫色口红印。润熙闻了闻，满是烟酒味道和女人的香水味道，她生气地把衬衫扔了出来，只洗了其他衣服。

丈夫的晚归，口红印，奇怪的味道，两天前的亲热和突然变多的白带……一连串不愉快的想法突然袭来。很不巧，那天顺奎又回来得很晚，这次是因为突然有事情需要加班。

顺奎到家时已经是晚上 10 点了，他按了按门铃但没人开门。他自己开了门进去后发现润熙其实并没有睡。顺奎也觉得很生气，但转念一想，可能是润熙又不舒服了或者是孕期忧郁症，所以就忍了下来。

那天晚上，润熙做了这样一个梦，梦到顺奎很温柔地抚摸着一个年轻女子的头发。虽说怀孕后润熙经常做些奇怪的梦，但是这可是润熙怀孕后做过的最恶劣的梦。

“4 天前到底发生了什么事情？”第二天早餐桌上，润熙还是忍不住向顺奎发问。

“4 天前？不是说了嘛。有同事被调到了营业部，所以被拉去喝酒了嘛！”

“是吗？都去哪儿了？”

“我要一一报告吗？”

“说出来又怎么了？有什么见不得人的不能说吗？”

“去歌厅了，准确地说是被拉过去的。”

“就这些吗？”

顺奎听到这很不高兴地放下了碗筷。

“到底想知道什么啊？很好奇吗？歌厅女老板太热情了，所以就和她跳了一曲布鲁斯，现在可以了吗？就这些。”

“希望如此！”

顺奎气得站了起来。润熙低下了头，觉得自己是有点过分了，但是一想起无缘无故多起来的白带就愤怒。顺奎也“咣”的一声关上房门出去了。

大约过了10分钟，门铃响了。顺奎又回来了，他站在门口很严肃地说：“请看着我！”

润熙乖乖地看着顺奎。

“真的没有什么，我告诉你的就是事实。”

顺奎说完这一句就又关上门走了。

润熙从顺奎的眼睛里看到了真实，但她还并没有完全相信顺奎的话，毕竟突然增加的白带还无法解释。

润熙没有心思再收拾餐桌就打开了电脑，找到了金博士的网页，打下了这样的题目：来自“透明袋”和“海绵”的紧急询问。

当天下午就收到了回信。

对于分泌物的误解和解读

目前好多书籍都以“女性分泌物引起夫妻心理战（甚至发展为肢体冲突）”为题材编写文章，但是事实上，对于这个问题，夫妻之间完全没有必要产生不信任或者吵架。

怀孕后分泌物变多是再正常不过的现象，有些孕妇甚至在一天里需要换两三次内裤，以致有些孕妇担心自己患上了性病。再次重申，这是很正常的现象。因为卵巢激素的影响，阴道的黏液和分泌物自然会变多，白带增多其实也是一种自我保护。还有就是越临近分娩的时候，为了胎儿顺利通过产道，黏液也会变多，以便起到润滑作用。

唯一值得担心的是，随着白带的增多，如果不能及时清理外阴部，可能会引起细菌的繁殖或者引起膀胱炎。所以，只要保证个人卫生，一般不用担心这些问题。

但是若白带呈白色，阴道或者外阴觉得瘙痒的话，就要注意是否得了阴道炎。这种炎症极易引起流产或者早产，胎儿在出生时也会被染上皮肤病，所以要提前预防和治疗，一定要每天清洗。夫妻两人最好一起及时做检查。另外，发现有异味的黄绿色分泌物时，要小心是不是染上了滴虫性阴道炎或细菌性阴道炎。

有些孕妇不知道这些事实，只要发现分泌物变多了就马上怀疑丈夫有问题，其实不应该这样。作为丈夫，也该知道妻子在怀孕中期分泌物会自然变多的事实，不能因为妻子的变化，自己的感情也跟着变淡，丈夫毕竟是顶天立地的男子汉。

润熙看了博士的留言后知道自己冤枉了顺奎，但不知道怎么样认错，她想来想去有了个好主意。

那天顺奎下班后被润熙领到卧室里，他看见床上放着新买来的各种各样的内裤，数了数，女士的有 7 条，男士的也是 7 条。内裤被刻意摆放成了心形。顺奎会心地笑了。

第 10 周胎教重点

◎ 分泌物变多的量如果正常，就请不要过度在意或者担心。一定要保持放松的心情，这样才能生个健健康康的宝宝。

◎ 孕妇除了分泌物与平日不同外，还会发生其他种种异常现象，这些都是因人而异的，每个孕妇都有不同的现象。

◎ 在这一周，子宫已经有拳头那么大了，会压迫膀胱，所以孕妇会经常有要小便的感觉。另外，因为激素分泌活跃抑制大肠的活动，所以会有便秘现象发生。

◎每周一次的妊娠呕吐，可以通过饮食和休息得以治愈。若症状严重的话，就要去医院进行治疗。

第 11 周 补药，不能随便吃

今天，我终于有了自己的名字。之前妈妈一直叫我“宝宝”，但是今天妈妈入睡之前给我起了个好听的名字——“樱桃”。还有，今天是我第二次见到奶奶。

我现在还不够漂亮。两眼之间的距离还是很远。但是等到我的头部完全发育后，两眼之间的距离就会拉近的。我的头现在占了整个身体的一半，可见我的头在妈妈肚子里的分量吧？还有，我的手指甲和脚趾甲现在已开始形成。

对了，是不是很想知道我现在的大小呢？我现在身高 9 厘米，体重 20 克了。

润熙的婆婆孔女士在庆尚北道瀛洲经营一家磨房，她是机器人泰勒的忠实粉丝，在她的眼里，独生子顺奎是仅次于泰勒的美男。

对于婆婆孔女士来说，得一个孙子可是天大的事情，所以之前润熙辞职在家待孕时，婆婆还特意熬黑山羊汤送过来。当时润熙真的很感激婆婆，但是也觉得有负担。

其实比起朋友们的情况，润熙还是很幸运的。身边一些女性朋友因为怀孕辞职后，婆婆们就不给好脸色，还有些朋友，即使怀孕了婆婆家有什么大型家庭活动也要去帮忙。比起她们，润熙可是好多了。但是每家媳妇都会有自己的苦衷和烦恼，婆婆时时刻刻的问候电话和对孙子的盼望，对润熙来说真是个不小的压力。

润熙怀孕 11 周时，婆婆孔女士来看她，还带来一大包东西，一看就知道是补药。

婆婆告诉她女人怀孕时一定要补好身子，所以特意去了一趟有名的店铺抓了点补药，告诉她吃了这药就不会贫血了，让她今晚就开始喝。

润熙顿时觉得眼前一片漆黑。一想起汤药的苦味她就想吐。

“妈，我现在的状态很好啊，孩子长得也很好。这药多苦啊，医生说了，尽量不要吃苦的东西……”

“哎哟，不想想我是谁啊，早就想到了，所以都准备好了。”

孔女士从包里又掏出了另一样东西。

“你能吃薄荷糖吧?”

“但是我还不知道怎么熬这些汤药呢?”

“你呀，不用担心了，我早就料到了，所以把煮汤药的工具都带来了。顺奎小时给他爸爸熬过几次，一会儿等顺奎回来后我让他弄，你呢，只要按时服用就可以了。”

孔女士说着从包里又掏出了熬汤药锅。润熙这下无法再拒绝了，只能点头答应。

趁着婆婆休息时，润熙给顺奎打电话求助。但是顺奎的意思也是不能太过拒绝妈妈的好意，最好顺从。这时，润熙想起了金博士对她说过，有紧急需要时可以给他打电话。

润熙给博士发了个短信。半小时后，润熙接到了博士的回电。大概了解情况后，博士让润熙婆婆接电话。

孔女士和博士通了 10 多分钟的电话。

婆婆挂了电话后显得很不满：“这是什么医生啊，电话都打到家里来了?”

“现在行业的竞争都很激烈，所以医生每月都会给自己的患者打个问候电话的。”

“算了吧！一个西医，他哪能懂得中药的功效?”

润熙发现再说下去只会是火上浇油，所以没再吭声。她只好又给顺奎打了电话。顺奎再次联系了博士向他咨询，博士解释说，目前，仍有

很多孕妇为了滋补身体吃补药。当然不是所有的补药都不好，问题是补药中的很多成分是不确定的。胎儿的脑细胞现在还没发育成熟，没有防御能力，所以一定要小心。孕期慎服药物就是这个原因。不仅如此，现在市面上的补药成分也不够清楚，也没有相关部门的认证，所以，不能光听到对身体有益就不顾三七二十一地服用。是药三分毒，有些孕妇服用补药后还会出现眩晕、皮肤过敏、消化不良等现象，甚至肝脏和肾脏都会受到严重的损伤。

顺奎听了博士的解释后非常苦恼。

下班时，顺奎买了水果和饮料回家。孔女士看了看顺奎手里的东西问："没有樱桃吗？刚才看到门口有卖的呢。"

"哎呀，忘了妈妈喜欢吃樱桃了，我马上去买。"

"算了吧，我自己跑一趟吧，就当散步了。润熙你干吗呢？老公回来了还不准备晚餐？"

婆婆可真是急脾气，已经把汤药熬上了。趁孔女士出去买樱桃的工夫，顺奎赶紧在厨房忙来忙去，直让润熙头晕。

晚饭后，孔女士严肃地说："顺奎，你会熬汤药吧？你去熬药吧！"

过了一会儿，顺奎端着汤药从厨房走出来，自己还拿了杯可乐。润熙在婆婆面前勉强把汤药喝了，婆婆也没有问问润熙的感觉，只是给她拿了一块糖。坐在旁边的顺奎拿起漂着冰块的可乐美美地享受着，还不时感叹真凉快！

晚上，润熙看到婆婆已入睡，赶紧问丈夫："加了冰块的汤药味道怎么样啊？"

"明天起不来，你可要负责任啊。"

"好啊，但这是谁出的主意？"

"还能有谁啊？喜欢喝酒的丰代理呗，不管怎么说，派上用场了。"

"我说嘛，不过我喝的是什么？虽然放到电磁炉里热了热，但是味道还是很奇怪！"

“一共三样东西，可乐、咖啡和酸梅饮料！虽然有点担心咖啡因，但是我问过博士了，他说问题不大。”

“但是总觉得对不住妈妈。”

“是啊，所以我想既然妈妈喜欢吃樱桃，那咱们就给孩子起名叫樱桃，你看怎么样？我原来想叫他‘萤火虫’来着，但是刚才看到妈妈拿着樱桃进来的瞬间我突然有了这个想法。”

“赞同，喜欢樱桃的奶奶的孙子樱桃！”

两人摸着黑对了对掌，一拍即合。

第 11 周胎教重点

◎ 孕妇在这一周能感觉得到子宫的位置了，此后，子宫上部变大，所以相对来说，膀胱的压力会小点儿。

◎ 超声波看到的胎儿还是扁扁的，医生说这是正常现象。这个阶段胎儿的长相大致还是相同的，没有什么区别。到了孕中期开始，胎儿才能按照自身遗传因子体现各自的长相特点。

◎ 妊娠呕吐现象到了第 12~13 周就会慢慢消失，但是，也有部分孕妇会持续到孕中期。

◎ 饮食要点：因为呕吐而下降的体重会慢慢回升。此时要注意过度肥胖，注意摄取一定量的蛋白质，更要考虑饮食平衡。

第12周 不要恐慌生出畸形儿

我对于外界的触觉刺激越来越敏感了。嘴和鼻子也完全分离了，所以可以自由地呼吸和吃东西了。另外，甲状腺、脾脏和胆囊都已经形成。

我现在可以在羊水中自由运动。通过超声波，可以清楚地看到我的样子。要是通过彩超看我的话，妈妈肯定会为我的成长而感到欣慰的。

可是妈妈今天很郁闷，这可怎么办呢？虽然妈妈因为我的第一次超声波照片流过眼泪，因为内裤事件也哭过，但是好像从来没像今天这样难受过。

润熙姑姑家的二儿子在出生时就被诊断为智障儿，现已成年的他，不但没有成家，还要姑姑养着。每次见到他，润熙都难以控制自己的感伤和怜悯。

这天，润熙突然想到了那位堂兄，又想起来曾经听过关于直系家族遗传史的问题，这让润熙觉得不寒而栗。到现在才想起来问题的严重性，润熙觉得后悔莫及。润熙立刻跪到地上开始祈祷，也不顾自己有没有宗教信仰，只要能保佑樱桃平安，无论什么宗教信仰，她都可以成为忠实的信徒。

润熙决定，再去医院做产检时一定要做畸形儿筛查。直到去医院的前一天，润熙都不能集中精力做事情。等到去医院的那天，润熙紧张得完全不能控制自己了，甚至走在马路上都听不到周围环境的嘈杂声。

在医院里，金博士看了润熙的超声波后告诉她，樱桃比上个月机灵多了，从超声波看，目前没有任何异常。

尽管博士这样说但润熙还是担心，于是博士让她进行进一步的检查。

绒毛膜检查比想象中简单多了，导管插入到子宫时也没觉得很痛。

结束了检查，润熙再次坐到了博士的面前，向他咨询关于畸形儿的问题。

“畸形儿是先天性的吗？在子宫里就已经成形了吗？”

“畸形儿有一半以上都是先天性的。但是在出生后的几个月或者几年后也会出现畸形病，比如风疹，虽然孩子出生时都正常，但是有可能过了几年后，孩子会失聪或者失明。”

“现在医学这么发达，怎么还有那么多的畸形儿出生呢？”

“比起以前，现在的畸形诊断已经很准确了。另外，有一些畸形可以在出生后通过手术得以治愈。现在问题是有些先天畸形在胎儿时期是检查不出来的。目前，畸形儿的出生率占整个新生儿的4%。其中，有60%的畸形还不能用现代医学解释，即非遗传性异常。

另外，环境污染以及饮酒和吸烟都会导致胎儿畸形。所以，为了预防畸形儿，孕妇在整个孕期都要尽量远离药物和恶劣环境，而且要及时做畸形儿检查。可以说，导致畸形儿的最大因素就是孕妇的粗心大意。

世界卫生组织建议，孕妇在整个孕期最少做12次产检就是为了预防畸形儿。值得强调的是，如果在一般门诊确诊为疑似畸形儿，一定要去畸形儿诊断专科医院进行彻底的筛查。

部分孕妇认为，在孕早期排除畸形儿后就不用再担心了，这种想法是错误的。孕妇一般会在孕早期做血液检查，但根据血液检查数值是很难判断胎儿是否畸形的。所以要记住，任何检查都不是百分之百安全的，所以要持续做畸形儿筛除检查。

还想说的是，孕妇在不知道怀孕的情况下服用了药物，得知怀孕后就直接作出了流产的决定。其实，即使服用了药物，在没有进行任何检查就盲目决定做流产手术是非常不正确的。我的患者中，也有很多在不知情的情况下服用药物，但是大部分人通过排除检查还是一样生出了健康宝宝。

先天愚型和智障可以在怀孕第 10 周时通过绒毛膜检查诊断出来。兔唇能在第 12 周检查出来，心脏病能在第 16 周得到诊断，还有像六指儿、合掌和少指都可以在第 16 周时查出来。最近，还可以通过 DNA 查出听觉障碍、脑源性麻痹、白血病和肌肉萎缩等疾病，而过去，这些都是查不出来的。”

因为当天拿不到检查结果，润熙像个泄了气的气球似的走出了医院，不管博士解释得如何详细，润熙还是排除不了自己的忧虑，陷入了深深的焦虑之中。

在回家的公交车上，润熙睡着了。车里没有开广播，非常安静，润熙突然觉得肚子痒了一天，直到下车为止，这种感觉出现了好几次。幸福的地震！比预想早很多的胎动。润熙暗自高兴，觉得这是樱桃对自己的一种鼓励。

1 周后，润熙收到了博士的来信，通知她检查结果都很正常，不需要再做深层检查。润熙瞬间觉得轻松下来，如同暴风雨过后的平静海面。

第 12 周胎教重点

◎ 如下几种情况需要做彻底的畸形儿诊断：高龄孕妇，有过畸形儿生育的经验，孕妇或者胎儿产前检查时有异常现象，孕妇或其丈夫的近亲中带有异常染色体的情况，两次以上习惯性流产记录，死胎等。

◎ 怀孕后受精卵会进行细胞分化，在受精 1 个月左右时，两侧的神经管会合并。但这时如果因遗传因素或者营养不良，大脑不能正常发育，导致无脑儿，如同脊椎不合并发生脊椎破裂一样。

◎ 此时段（3~4 个月）是观察胎儿脸部的最好时期，偶尔还能看到胎儿张嘴的样子。这是胎儿的神经反射系统发达的表现。胎儿也开始小便了，因为尿液是无菌性液体，所以排到羊水中的小便不会影响到孕妇。

——第 3 章——

孕中期胎教

YUNZHONGQITAIJIAO

第13周　听觉胎教讲座

大家好，我是樱桃哦。

等我出生后肯定会有别的名字，但是在妈妈房间里的这段时间暂时还是叫我樱桃吧。对了，别因为我的名字叫樱桃，就以为我是有着樱桃小嘴的小女生。

可能是我最近在妈妈的肚子里比较乖吧，妈妈的情绪比以前稳定多了。因为妈妈的惊吓我也跟着被吓到的次数明显减少了。但是妈妈还是会因为我每天都要担心一下。

最近只要我仔细听，就会听到一些奇怪的声音。虽然有点隐隐约约，但是感觉那是叫我的声音。还有就是妈妈心脏跳动的声音，扑通扑通的，这应该是我来到世界上的第一个闹钟声吧。啊，还有小溪的声音呢，应该是妈妈血液循环的声音吧。

这天，润熙收到了一封来自金博士的邀请函，邀请她参加一个针对孕妇进行的胎教讲座，主题是讲听觉胎教，地点在宗庙。金博士说在市中心很难能找到宗庙这样的绿地。

讲堂设在了宗庙庭院门口的石阶，有100多名的孕妇来参加。

“现在孕妇做得最多的就是听力胎教，比如听音乐、读童话书、对话交流等。但是今天在我的听觉胎教讲座中，我要改变一下大家的想法。

我觉得在进行听力胎教时首先不应该跟风，不能看到别人听某种胎教音乐就跟着做，孕妇应该根据自己的爱好来选取各式各样的音乐。胎教音乐的目的是让孕妇听了音乐后产生一种愉悦感。如果不喜欢古典音乐就可以选择别的音乐。凡是有点旋律的音乐都有助于胎儿左右大脑半球的发育。听音乐的方式也要尽力随意一些。

另外，也有很多孕妇学习乐器，我推荐钢琴。学乐器很好，但是不要过于在意进度，重要的是享受学习的过程，毕竟以我们的年龄，再努力也不会成为专业的艺术家。需要提醒大家的是，用嘴吹的乐器耗氧量过多，所以最好不要选择。

听音乐也要跟着胎儿的成长阶段进行。孕早期主要根据自己的心情去听，到了孕中期开始可以试着给胎儿听，读童话书也可以从这个时期开始。

从现在开始，孕妇要避开让自己觉得不舒服的噪音，如机动车噪音等。等胎儿到了 7 个月时，他的听力和新生儿就没什么区别了。

胎教中最好的音乐是夫妻一块唱胎教歌。比起女性的高音，男性的中低音更容易传到羊水中，更何况声音在水里的传播能力更强。所以，在孕后期通过超声波可以看出，胎儿对爸爸的声音的反应更敏锐。不仅如此，爸爸的声音可以创造和大脑冥想差不多的脑波，能提高胎儿的注意力和创造力。

胎儿一般过了 5 个月，听力就已经发育到可以区分爸爸和妈妈的声音的程度。虽然胎儿不能正确认知外部的声音，但是可以听到妈妈的心跳声，所以和妈妈进行对话时，胎儿会觉得很有安全感。

和胎儿的对话对于他的大脑发育和听力功能提高会有很大的帮助。适当的声波刺激能提高胎儿大脑中的氧气比率，即提供更多的脑组织成长所必需的要素。所谓的胎儿对话就是持续刺激胎儿的大脑。有些夫妇会买胎儿对话器，但是机器发出的电子音对胎儿的刺激并不是自然的。在西方一些国家，即使此类机器广告做得再好，人们也不会购买。这就好比为了提高菜肴的味道硬是添加好多调料一样，效果未必好。

……”

金博士的讲座快结束时，来了位 30 多岁的男士。

“我是这里的负责人，你们在这里干什么呢?”

“做胎教讲座。”

“这里是神圣的地方，不能进行商业性活动。”

“我们并不是商业活动，不过，请问这里允许什么样的活动呢?”

“宗亲会是可以的。”

“那我们不正好是吗？在座的每位妈妈的肚子里都成长着一个胎儿，只不过姓氏不一样罢了。他们选择出生在同一个国家不正是一种缘分吗？从国家的角度看的话，他们不都是宗亲吗?”

大家都觉得教授说得有道理。那位男士也很尴尬地挠了挠头，然后也坐到了石阶上：“那么，我也听听吧，我老婆也是怀孕 5 个月的准妈妈呢。”

第 13 周胎教重点

◇ 出生后几天内，新生儿一般都会识别妈妈的声音。一个刚出生的婴儿能对妈妈的声音做出反应，说明他还是胎儿时就已经记住了妈妈的声音。

◇ 到了孕中期，妊娠呕吐现象就会消失，胎盘也已发育完毕。胎儿通过脐带来吸取氧气。此时，胎儿的指纹和喉头也都形成了。

◇ 在这个时期，孕妇的激素分泌趋于平稳，所以很多不适现象会消失。孕早期的无力现象也渐渐好转，所以比起孕早期，手脚都暖和了好多。

◇ 饮食要点：妊娠呕吐现象消失后可以补一些维生素。尤其是维生素 C，有助于抵制病毒的侵袭，可以预防感冒，还有美容的功效。卷心菜和所有新鲜蔬菜中都富含维生素 C。

第14周　为什么这么爱做梦

妈妈最近平静多了。刚开始我觉得这里的环境很陌生，而且我的身子也很小，所以并没有家的感觉。但是我慢慢地习惯了软软的羊水房子，我也逐渐长大了，懂事了，现在已经习惯这里，不怎么想出去了。

妈妈也开始定期做运动了。刚开始妈妈弯腰时把我吓坏了，我以为是地震了呢，后来随着我的房间的坚固，我已经不晕了。

妈妈的疲劳得到缓解时，新陈代谢也会顺畅，传到我这里的新鲜空气和血液也多，我真高兴。

润熙拿出《顺利怀孕百科全书》准备再复习一遍。书上说，到怀孕14周时，整个循环系统和胎盘已经发育得差不多了，而且这时已经可以区分出男孩和女孩了。想象着樱桃可以在羊水中自由运动的样子，润熙就会不自觉地笑出来。

这天下午有位女士来敲门，是新任109号楼楼长的黄宝女士，她自我介绍后还给润熙拿了两个桃子。润熙对桃毛过敏，只要稍微碰到一点儿就会起痘痘，可又不能拒绝人家的好意，只好用盘子将桃子接了过来。

那天润熙睡午觉时做了一个奇怪的梦。她梦见自己躺在海边的山坡上，那里盛开着一大片粉色的花，有个孩子从山坡下面走来，当他走到一棵开满花的树下时树上掉下了一个桃子，孩子追着桃子跑了过去，但是桃子每滚一圈就变大，如同雪球一样，孩子快追到时，桃子已经变成雪人那么大了。

“不可以！”润熙喊出声来，把自己给喊醒了。真是奇怪的梦啊！

润熙又翻开了《顺利怀孕百科全书》，查找了关于梦的问题。书中对孕妇做梦进行了解释：女人在怀孕时都爱做梦，有美梦也有噩梦。越是精神紧张的时候越容易被梦境困扰，比如在畸形儿检查结果发布前一天、在夫妻吵架的日子或身体状况欠佳的日子等，都容易做梦。根据很多产妇的经验，到了怀孕的最后1个月时，梦境更是复杂。

但是，孕妇也不用因为梦境而坐立不安，即使做了噩梦也不必太在意。

书上虽然这么写了，但是润熙还是不放心。

润熙又在想，既然自己对桃毛过敏，那孩子会不会遗传呢？带着这个疑问润熙又进入到博士的主页，查找关于过敏症的问题。

Q：我是怀孕15周的孕妇，有过敏性鼻炎，会遗传给孩子吗？

A：最近很多孩子患有支气管性哮喘、遗传性皮炎或过敏性鼻炎等疾病。其原因真的很难说，有很多因素会导致这些疾病的发生，如遗传性、环境污染、过度的压力等。

为了让胎儿不受过敏症的困扰，应该从饮食方面注意。最好的办法就是远离容易引起过敏的食品。尤其是怀孕6个月以后，最好避开引起过敏的食品，这样一来，即使孩子遗传了过敏症，也可以通过这种办法进行有效地防治。所以，如果孕妇对某些食品过敏的话，干脆远离这种食品，彻底掐断诱发过敏的根源。

那天，严老师和黄宝女士在小区门口吵了起来，平时很温柔的严老师非常生气：“你为什么摘还没熟的桃子呢？”

黄宝女士争辩道：“什么？我什么时候摘了桃子？”

“都有人看到了，还不承认？”

“谁？是谁？让他站出来！”

“电梯里的监控看到的，还不承认!”

黄宝女士这才不吱声往后退了一步。

第 14 周胎教重点

◎ 这一时期，孕妇在心理上会逐渐平静下来。身体方面，随着皮下脂肪的增加，可能会出现皮肤问题，加上分泌物的增多，所以一定要经常用温水清洗身体。

◎ 孕期对于微量元素铁的需求会越来越多，所以应该在还没有出现贫血症状时就开始多摄取富含铁的食品。根据个人状况，孕妇也可以遵医嘱服用含铁补血剂。富含铁成分的食品主要有动物肝脏、肉类、小米、葡萄干、绿色蔬菜和苹果汁儿等。

◎ 从此时起，胎儿开始练习呼气和吸气的动作，所以马上就会吸氧气了。

◎ 饮食要点：多摄取一些应季蔬菜和水果，有助于胎儿的智力开发和健康。因为应季的蔬菜和水果中富含新鲜的养分。食用前最好彻底清洗蔬菜和水果表面。水果最好用盐水清洗，这样可以更好地洗掉表面残留的农药，削皮后吃更好。另外，蔬菜最好在清水中浸泡几小时后再吃，尤其像生菜这样大叶的蔬菜更是如此。

第 15 周 孕期如何关心丈夫

我现在在妈妈肚子里觉得很舒服。包围我的膜如同海绵一样保护着我的安全。现在我在妈妈的子宫里偶尔也抬抬头、张张嘴，也能攥拳头，但是还是有点不熟练。通过超声波还可以听到我的心跳声。啊，对了，我要报告一下我这个月的成长状况，我现在的个头是 15~18 厘米，体重大概是 110 克。

时隔两周，我的爸爸妈妈又吵架了，爸爸甚至都离家出走了。那天大概是晚上 10 点吧，我快睡着的时候突然被妈妈的叫喊声吓醒了。妈妈在阳台上突然喊了一声，以至于小区管理员大叔都吓得差点撞到玻璃上。唉，这可怎么办呢？

嘟—嘟—嘟，电话响了三声，那头传来了王美子的声音。

"你好，这里是月刊《生活》编辑组。"

"姐姐，是我，润熙。"

"润熙？有什么事情吗？我现在有点忙啊！"

润熙边捡着客厅地板上的头发边说道："我心情不好，所以给你打了电话。"

"怎么了？不是又和老公吵架了吧？"

通过电话，润熙听到了敲打键盘的声音，心里更不舒服了。

"姐姐，我知道最近你很忙，可是你能不能专心和我通电话呢？我现在真的非常郁闷，是因为顺奎。"

"你不说我也知道啊。肯定是你又耍小姐脾气了吧。你老公不是最怕你吗？"

“算了吧，别提了，他离家出走了。”

“什么？到底怎么回事？”

润熙向王美子讲了事情的经过。

原来当天顺奎下班很晚，吃完晚饭已经是晚上 8 点 40 分了。润熙吃完晚饭后伸直了双腿坐在地上看连续剧。她按照金博士的建议，尽量少食多餐，并保证餐后以最舒服的姿势进行消化。顺奎在厨房里忙着洗碗。看着看着电视，润熙突然想起来自己在超市里买的核桃，于是大声对顺奎喊：“冰箱里有我买的核桃，给我拿 5 个过来。”

说完自己顺手从沙发上拿起了靠垫放在了腰部。大概过了 10 秒钟，顺奎并没拿核桃过来。

“让你给我拿核桃呢，听到了没有？”润熙嚷嚷着。

只见顺奎脱掉了胶皮手套，扔到了桌子上。

“喂，你没手还是没脚啊？不能自己去拿吗？”

听顺奎这么说，润熙心底的火腾地上来了。

“你不正好在厨房嘛！所以才麻烦你的，有那么难吗？”

“这不是难易问题，我也很累啊！”

润熙站了起来，按照以前她会很激动，会很快速站起来，但是考虑到孩子，她还是尽量放慢了起身速度。

“真是，谁没上过班吗？我也知道你很累，但是我今天的状态也是很糟糕的，一整天肚子一直觉得胀，还觉得饿。我都这么难受了，你连一个电话都没有！你即使再累，能有我累吗？”

顺奎默默地看了半天厨房的天花板，然后走到了客厅，突然对着润熙大喊：“喂，金润熙！我不是佣人，明白吗？”然后就摔门出去了。

听到这，电话那头的王美子问道：“他摔门出去后，到现在也没有回来吗？”

“嗯，是的，应该是在围着小区转悠呢，因为他连钱包也没带，不会走太远。”

“最后一句话很幽默嘛。”

“我也觉得奇怪呢，他怎么会这么想呢？”

“哦，我知道了，是这样，大多数男人都觉得一心多用不可能，他在洗碗，你又让他做别的，他觉得烦。男人总是做一件事时就是做这件事，像我们这样边打电话边涂指甲油他们是不可能理解的。我老公也一样。”

“即便是这样，但总不该发脾气吧？”

“可能在公司有不顺的事情吧。另外你的脾气也太急躁了，看看你刚才，因为我边打字边和你通电话还对我发火了呢？”

“……”

“好了，不要生气了，这回是你的错。”

电话里再次传出了敲键盘的声音。

时间指向了 9 点 30 分，润熙到厨房喝了一口凉水，来到了阳台上。迎面吹来阵阵清风，她抓着阳台的栏杆，朝着小区休闲区方向大声叫道：“朴顺奎！对不起，是我错了！”

那天晚上，顺奎帮润熙把所有的核桃都撬开了，他说：“我也会因为公司的事情有心情不好的时候，以后我会提前发出信号的，回家时做个‘×’手势，到时你就可以知道我的心情不好，这样可以吧？”

润熙没有回答，往顺奎的嘴里塞了个最大的核桃。

睡觉前，润熙抱住了顺奎：“以后我会改改自己的急脾气，再对你发号施令的时候会温柔一点儿的。哦，不对，不能说对你发号施令，是请求你帮我的忙，我可不敢把你当佣人哦。”

第 15 周胎教重点

◎到了这个阶段，初为孕妇的兴奋渐渐消失了，此时，丈夫们也渐

渐丧失了耐心。孕妇会因为妊娠反应的煎熬和担心流产的精神压力而变得很敏感，一点儿小事情就会和丈夫斗嘴。男性不同于女性，一般不习惯安排自己的日程，所以在所有事情一起来临或者在专心工作时突然被意外的事情打扰时，也会不自觉地发脾气，尤其在家时会更敏感。在这方面，妻子要多理解丈夫，不能因自己怀孕就总对丈夫指手画脚或乱发脾气。

◎妊娠纹开始出现，但所谓的减少妊娠纹的用品其实是没有多大帮助的。

◎饮食要点：众所周知，坚果类对于胎儿的脑部发育非常有益，这是因为坚果类的营养成分可以润滑血管，促进血液循环。但是，也不要因为坚果好就无节制地吃，以核桃为例，一天不要超过两个。孕妇若是不喜欢核桃的味道还可以吃些葵花子、花生仁和杏仁。对坚果过敏的体质还是应该慎食。

第 16 周　不做不合格的准爸爸

我现在的力气更大了，自己没事时还会拽拽胎盘、摸摸膝盖。刚来到子宫时，我的头部发育最快了，但是最近感觉头部下面发育得也挺快的。自从腿部发达后，我都可以挺直头部不再晃了。妈妈如果知道我现在的状态一定会很欣慰的。

从润熙怀孕后，好久没有让顺奎出去喝酒了，但今天破例，因为顺奎要和金博士一起喝酒。博士说他今生最大的乐趣就是和知心的患者家属一起喝酒聊天。

两人如约在医院门口的啤酒吧里见了面。

“博士您有哪些爱好呢？”顺奎问道。

“我吗？喜欢和患者谈心，然后每两年出一部书，这就是我的爱好。对打高尔夫之类的我一概不喜欢。我唯一的梦想就是成为作家。虽然我现在也会写点东西，但是还没有信心发表。打算退休以后再专心写作。”

“那很好啊！”

两人聊着聊着不自觉地谈到了怀孕的话题。

“关于怀孕，我总结了一下，大多数男人都容易犯 10 项毛病。”

“哦？是哪些呢？我是不是会符合好几项呢？”顺奎感兴趣地问道。

“哈哈，应该是吧，其实我也一样。我不妨说来你听听。

第一是认为胎教是孕妇的责任的丈夫。像这样的丈夫一般都大男子主义，有这样的丈夫妻子会比较郁闷。

第二是重男轻女的丈夫。很多男人还没有摒弃这种封建思想，其实想想看，如果大家都生男孩，那些生儿子的父母以后就要为孩子的婚事担心了。”

“您说得真是，我最近发现公司里那些有闺女的爸爸们都表现出很有优势的样子。”

“所以嘛，真的不必太在意男孩女孩。第三呢，就是不顾妻子的意愿，执意要求性生活的丈夫。据我了解，大部分的孕妇在孕期都比较排斥性生活。当然一味地反对性生活也是错误的。但是强迫老婆过性生活就不对了，性生活本应该是两人间的配合和关爱。当然，还有一些男性因为妻子在孕期拒绝过性生活，自己在外面解决欲望，这都是非常愚蠢而又不道德的行为。不仅如此，还会把一些不好的传染病带给妻子，甚至危害到胎儿的健康。

第四就是把工作上的不愉快带回家的丈夫。尤其是对于专职在家待产的孕妇来说，即使丈夫的压力再大也比不上在家的孕妇的压力大。最起码丈夫在妻子怀孕期间应该作好心理准备，一定避免把工作上的压力带回家。

第五就是不信守承诺的丈夫。为了表现出一个丈夫对妻子的关爱，丈夫必须要遵守对妻子的承诺，哪怕是一个小小的承诺也要好好遵守。但是大部分的男人，尤其是收入较高的丈夫，总想拿金钱去解决一切事情。所以，他们会买最好的胎教童话书，甚至还预订最好的酒店取悦妻子。我认为那些钱还不如存起来或者做些慈善事业。其实做好一些小事更重要。

第六就是不陪妻子一起去医院做产前检查的丈夫。孕妇在整个孕期大概要去做10次以上的检查，即使丈夫做不到每次都陪同，但也应在有时间的情况下尽可能地陪妻子去医院。即使医生说胎儿很正常，但孕妇每次去医院检查都会非常不安。所以，大家在等待室里看到的孕妇个个都面带焦虑。但是有丈夫陪伴的孕妇就不一样了。

第七是无法平衡妻子与婆家之间矛盾的丈夫。婆媳关系是个永恒的问题。因此，在妻子怀孕期间，聪明的丈夫应该在婆媳间作好周旋。”

“您说得太对了，我就时常为这个问题苦恼。”

“所以你以后尽量让‘樱桃’妈妈减少去婆家的次数，这样能减少

不必要的麻烦，记住了，女人在婆家吃肉也不如在娘家吃青菜舒心。

第八就是比较依赖人的丈夫。有的男人比较孩子气，喜欢在妻子面前撒娇。但是一旦妻子怀孕后就该改改了。孕妇往往会面对种种不安和压力，这时需要丈夫做自己的坚强后盾，但是如果丈夫还像小孩儿一样依赖妻子的话，她该多么不安呢?

第九就是无知的丈夫。这里的无知是指对怀孕常识毫无了解。作为丈夫即使不能百分之百了解孕育知识，最起码要知道孩子是如何出生的，妻子会在什么时候有妊娠反应。所以，一旦妻子怀孕了，丈夫也最好买本相关书籍学习一下。

第十就是还没有作好当父亲准备的丈夫。其实这个问题可能是最重要的。要从一个男人升级到一位父亲，对男人来说是个新的起点。女性一般经过怀孕和临盆的痛苦后自然就转变为母亲的角色。但是男性不能感受那些孕育的痛苦，所以经常容易在已经荣升为父亲的时候心理上却还没作好准备。为了避免这样的情况，有必要提前学习相关知识。

……"

两人聊着聊着不知不觉已经喝了好几瓶啤酒，顺奎边听边检讨着自己的行为，他觉得博士说的这 10 项男人常犯的毛病中自己身上占了好几项。博士安慰他说："要做到十全十美非常困难。即使是很完美的丈夫也难免会犯其中的一两项错误。我也是一样的，老婆怀孕后我也一直工作，没有精力去照顾她，所以一直觉得很愧疚。但是重要的是，作为丈夫能深刻认识自己的缺点，然后努力去弥补。"

两人喝到晚上 10 点多才分手，分手前博士还不忘嘱咐顺奎在妻子怀孕期间尽量少出来喝酒，即使不得已要出来应酬也尽量早点儿回家。

第 16 周胎教重点

因为喝多了，所以什么也没记下。

第17周 值得推荐的旅行胎教

哇噻！我太兴奋了！虽然我什么都看不到，但能感觉得到妈妈吸进来的氧气有多么新鲜。真不知道今天怎么会发生这么大的变化呢？真想赶快离开我的房间去看看外面的世界啊！

可能是因为在这个房间住得时间长了，我已经习惯了这里，并且已经摸索出抵制外面任何刺激的办法了。要是有异样的物质进到我眼睛里的话，我就眨眨眼睛；要想吸取营养成分的话，我就张张嘴。医生说这是我的正常反应。

顺奎在公司的工资不算很高，润熙之前就辞掉了工作，所以自从润熙怀孕后他们俩在经济上一直精打细算。想到有些人生活阔绰，可以经常买些高档服装和化妆品，润熙也会羡慕，也觉得人生真的很不公平，但是这种不快只是一闪而过，毕竟人比人气死人嘛。人生短暂，何苦把时间浪费在攀比上呢？再说，润熙也深信物质的东西不是生活的全部。比起物质上的享受，人生最重要的东西是家人间的互相信赖、互相关爱和互相理解。

润熙到了孕中期后觉得自己需要更有规律地生活了。她做了个计划表，但是按照博士的忠告，没有做得很紧凑。因为博士说过，做个过于细致的计划，如果不能执行反倒会增加心理负担。

润熙还为自己制订了以下几项行为准则：

第一，绝不勉强自己；

第二，什么事情都要慢慢来；

第三，需要帮忙的事情就交给老公。

就在润熙为自己制订着计划的同时，顺奎那边传来一个好消息。因为顺奎提交的决策方案帮助公司节省了费用，因此得到了公司的肯定，并得到了总经理发放的一笔奖金。

两人决定用这笔奖金去作一次旅行，旅行计划当然由润熙来订。润熙仔细准备，设定了两个线路方案：

方案一：江陵

——理由：新婚之夜的地方

——需要时间：4 小时

方案二：瀛洲

——理由：可以呼吸一下瀛洲的新鲜空气，回来的路上还可以路过婆婆家，顺便拿点农产品。

——需要时间：3.5 小时

确定了两个方案后，润熙特意查看了一下博士关于旅行的提醒，看看有什么需要注意的地方。

博士说，旅行胎教是一定要去的，但是旅行的过程中，一直保持坐着的姿势是非常有害的，那样骨盆内血液循环慢，以至于给胎儿的氧气会减少。

看到这润熙就放弃了去江陵的念头，因为去江陵要自驾车去，而且那段路特别容易堵车，这样润熙就要在车上多坐上五六个小时，这对胎儿很不好。何况顺奎要开车，两人不能好好交谈了。于是他们放弃了第一个方案。

如果选择方案二，虽然润熙很有信心登山，但是还是不太愿意去婆婆家。虽然可以拿些新鲜的农产品回来，但是一想起婆婆家长辈们的各种质问润熙就头痛。

正在润熙犹豫的时候，收音机里突然传出《济州岛的蓝天》的歌声，还伴着海浪的声音。

对啊，怎么没想到济州岛呢？就这样，他们决定去济州岛旅行。

去那里需要坐飞机。但问题是可以坐飞机吗？润熙和顺奎连夜给博士发了询问邮件。第二天就收到了回信，博士对坐飞机的问题进行了解答：

第一，只要不是怀孕最后一个月还是可以乘坐飞机的。但是到了32周以后就需要医生作出诊断后再决定。因为在飞机上不具备早产的条件，所以要彻底检查后方可坐飞机。

第二，出于心理作用，人们都愿意选择大型飞机，但是国内航线可以不必太在意这些。

第三，要是选择了国际航线，坐在机内的时间较长，很可能消化不良，所以尽量减少摄取主食，多喝点儿白水和果汁儿。而且一定要让乘务员知道自己是个孕妇。

第四，别管别人怎么看你，一旦觉得身体疲惫就站起来活动活动。

4天后，也就是星期六，润熙夫妇坐上了飞机。润熙在系上安全带的瞬间觉得有点闷但是并不碍事，反而是有恐高症的顺奎脸色发白地看着周边。

润熙按照博士的嘱咐，在飞机里坐累了就起来活动一下。后座的小孩问:“阿姨，您干吗呢？”

“放松身体呢，怎么了？”

“您是运动员吗？”

“哈哈，是。”

润熙回到位置上后听到那个小朋友还在不解地念叨着，没有肌肉块只有大肚子，怎么会是运动员呢？

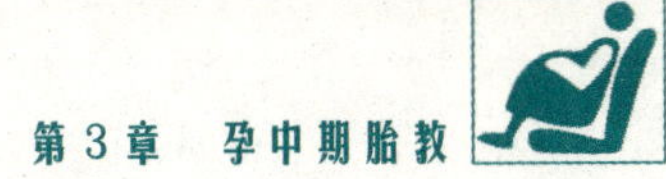

济州岛很美，两人不虚此行。

第 17 周胎教重点

◇ 新鲜的空气和完美的自由享受是最好的胎教，所以非常推荐胎教旅行。尤其是新鲜的空气富含银离子，可以促进合成大脑发育需要的物质。另外，清新的氧气能促进孕妇体内的血液循环，对胎儿很有好处。

◇ 怀孕 15 周以后可以明显感觉肚子变大了。此时就需要备好腹带或者孕妇装了。孕妇装不需要特别肥大的，只要是宽松点儿的就可以。

◇ 胎儿体重没有标准也无法控制。但是按照经验，3 千克左右应该是最好的，分娩时也不会给孕妇带来很大的压力。

第18周 不用刻意改变饮食习惯

最近我一直担心我的成长会不会让妈妈更痛苦。不说别的，妈妈的心脏就比我住进来之前增加了40%的工作负荷。

妈妈偶尔也会犯晕，可能是因为我吸收妈妈的营养越来越多的缘故吧。每次想到我的存在让妈妈如此受折磨我就觉得难过。

之前你们可能发现我的视线一直都是斜的，但是从现在开始我应该都是直视的。耳朵也找到了自己的位置。我的骨骼也越加坚固。不久的将来，我只要动一小下，妈妈都会感觉得到的。

这天中午润熙正在睡午觉，大喇叭里又传来了广播。

“大家好！我是109号楼的黄宝，很荣幸代表乐园家园妇女会向大家传达以下新闻。目前由妇女会组织的慈善展销会正在进行……”

这已经是第五次广播了，润熙突然觉得很烦躁。

博士曾经说过，睡眠分为活动性睡眠和安静睡眠。活动性睡眠时身体是休息的，但大脑是活动的，此时也会有胎动。当胎儿受到刺激时活动性睡眠也多起来，所以通过胎教给点刺激也是很重要的。另外在活动性睡眠时记忆固定效果也比较好。因此在整个孕期，尽量不要打扰胎儿的活动性睡眠，还要保证孕妇的睡眠。

润熙受到打扰虽然很烦，但还是努力控制住自己的情绪，虽然少睡半个小时但总比发脾气好。润熙最后披上衣服下了楼，展销会正在101号楼前面的广场进行着。

润熙随便逛着，走到虾酱摊前停了下来，浓浓的虾酱味道勾起了润熙对儿时的回忆，妈妈过去常常在热乎乎的米饭上放一勺香喷喷的虾酱喂她。

“新媳妇，在这里干什么呢？”黄宝女士的声音打断了润熙的回忆。“我刚刚把芦荟拿到了展销会，听说对孕妇有益呢，你要不要试试？”

“芦荟吗？”

“不要在这傻站着了，去那边尝尝吧。”

“不了，我还是喜欢这里的虾酱。”

“这怎么可以呢？孕妇怎么能吃虾酱这样又辣又咸的东西呢？会中毒的！”

“那我一会儿就去那边，等一下过去！”

黄女士走后，润熙还是忍不住尝了一口品尝用的虾酱，兴奋得脸都红了起来，能就着饭吃上一口该多好啊！最后还是决定买了一桶回去。

当天晚上家里的饭桌上多了一道虾酱。顺奎有点担心地说：“吃这么咸的能行吗？”

“早就知道你会担心这些，所以我特意查了资料。你看看这个。”

润熙拿出了打印好的几张纸，当然是从博士的网站里找到的，上面的内容是这样的：

女性一旦怀孕了就会担心又辣又咸的食品会影响胎儿的健康。但是抑制自己的食欲更不利于胎儿的成长。孕早期和孕中期一般不用刻意改变自己的饮食习惯，顺其自然比较好。

但是，孕后期就要多加注意。尤其是那些容易得孕期综合征的孕妇，比如平时就有高血压的女性、肥胖的女性、患糖尿病的女性、高龄孕妇和多胎孕妇，一定要注意饮食。

另外，即使是健康的孕妇，过了 28 周后也要尽量回避腌制食品，要多摄取富含蛋白质但脂肪含量并不高的鱼类和其他海鲜类，并且要定期去检查血压和体重，以便预防各种妊娠综合征。

一年一次的展销会一直持续到深夜。顺奎和润熙本来想去看看来着，但是觉得没什么意思，还是留在家里看起了电视。这时又传来了广播声音，还是黄宝女士。

“首先感谢今天来捧场的各位邻居。30 分钟后，展销会将圆满结束。对了，请刚才没看芦荟就回去的新媳妇抓紧时间出来购买一下，就剩下一盒了……”

正在客厅沙发上看电视的润熙没好气地拿起靠垫向着声音方向扔了过去，靠垫在空中转了两圈轻轻地落到了顺奎的肚子上。

第 18 周胎教重点

◎ 到了这个时期，孕妇一般都能感到胎动。比起怀第二胎的孕妇，头一次怀孕的孕妇感到胎动的时间都比较晚。

◎ 此时的皮肤变化也比较明显。小腹中线开始明显，乳头的颜色会变得很深，个别人还会觉得乳头有些酸痛。

◎ 健康的大肠运动不仅能预防便秘，对以后的分娩也会有帮助。进行适当的运动，补充充足的水分，坚持摄取水果和蔬菜等，这些都是孕期一定要坚持的事项。

◎ 饮食要点：这个时期，一般的孕妇都会觉得食欲旺盛，但是饮食要注意节制，要将每个月的体重增加范围控制在 2 千克以内为好。

第19周　如何避免孕期贫血

现在的我仿佛置身于舞台上表演，不仅会皱眉头还会转动眼球，甚至还会做哭相。可惜，妈妈是看不到的。但是我会用劲儿多动动，让妈妈感觉到我的存在。

我不知道从何时开始一听到吵闹的声音就会不自觉地皱眉头。妈妈也会因为听到那种声音而发脾气以至于我更郁闷。虽然不知道那是什么声音，但是感觉时间越长，那个声音就越大。

现在我的身上和脑袋上长了些毛，但是据说在我出生时就会消失。比起之前，我现在的身体发育得很均衡。

其实我已经不是原来的我了，我的个头已经有20厘米，体重也马上要达到300克了。

这一天，润熙要去医院检查，没有想到自己竟然在去医院的路上遇到了一点儿意外。

润熙上公交车时车上只剩下了一个位置。因为润熙穿着比较宽松的运动服，以至于大家都没有看出来她是个孕妇，更没有人给她让座了。于是润熙坐在了那个唯一的空位上，旁边紧挨着一位很胖的中年男士。

大概过了两站地，旁边坐着的男士突然站了起来，看似坐过了站。润熙为了给他让道也赶紧跟着站了起来。可就在站起来的一刹那润熙觉得眼前一片漆黑，身体晃了几下后就倒下了。那位男士吓得张大了嘴，一动不动站在那里。

“司机先生，请停车。”车里有人喊道，听起来是位年长的妇女。车停了下来，那位女士走到润熙身旁把她扶了起来。

“孩子，你没事吧？”

润熙努力抬起头，看到一位50岁左右的妇人正在担心地看着自己。润熙痛苦地点了点头。老妇人端详了半天润熙的身子问：“你怀孕了？先下车休息一会儿再说吧，能起来吗？”

在那位妇人和一位高中生的帮助下，润熙下了公交车。幸亏车子停下的位置旁边正好有遮阳伞和椅子。润熙喝了口凉水坐了下来。

擦了擦脖子上的汗水，润熙突然觉得很悲伤，怀孕过程怎么这么残酷？为什么老天对女人这么不公平呢？没有经历过这种痛苦的男人们能理解这种痛苦吗？

过了10分钟，润熙终于觉得好点了。她打车到了医院，但比预约时间晚了1小时。

听说了润熙的遭遇后，博士顿时收起了脸上灿烂的笑容，满是担心的表情。“你这是由于贫血引起的。孕妇要尽量避开人多的场所和避免乘坐大众交通工具，就是怕出现这样的突发事件，尤其是还在坚持上班的孕妇更要格外小心，宁可早起点也要避开上班高潮时段。”

听博士这么说，润熙暗暗觉得自己不用上班还是很幸运的。润熙辞掉工作后家里的收入明显缩水，以至于6个月后房东要是提高租金的话他们都拿不出钱来，但不管怎么说，比起那些上班的孕妇，自己还是很自由的。

润熙提了提神说：“我怀孕前从来没有过贫血。”

“是的，但是即使那样，怀孕后还可能会出现贫血。一般1/3的孕妇都会贫血。首先，肚子里的胎儿会通过胎盘吸取自己所需的铁分，另外，原来只有鸡蛋那么大的子宫变大的过程也需要一定的血液量。但是一般人体内的铁量是有限的，所以孕妇就容易发生贫血现象，也就是所谓的缺铁性贫血。怀孕中90%以上的贫血都是因为缺铁引起的。”

“今天我的感觉就像晕车。”

“除了有晕车的感觉，贫血还会引起疲倦感、手脚发凉、头痛、注意力和记忆力减退等。如果出现呼吸急促，不自觉地叹气的话，那就是比较严重的贫血了。”

“可以把贫血视为妊娠反应的一部分吗?”

“当然不一样了。到分娩为止，血液一直处于增加趋势。还有就是过度地预防贫血可能会给临盆带来副作用。很容易就会有阵痛现象，分娩时间也会增加，以至于最后只能剖宫产。还有就是不利于子宫收缩，可能出现产后大出血。当然，正常的分娩也会失去500mL的血液。即使是同样的500mL，贫血的孕妇就会休克。但是您很幸运啊，看了您的记录，孕早期的检查结果显示您不是严重的贫血。”

“我有个朋友孕早期感到眩晕，所以自己服用含铁补血剂了呢。”

“现实中有很多孕妇只要感到一点儿眩晕就以为是贫血，就自我诊断、自我补充，这非常不科学。必须去医院确诊为贫血后再根据医嘱服用各种药物。还有就是在怀孕后期感到呼吸困难就自我判断为贫血也是不正确的。除了血液增加外，随着子宫的增大上移，膈肌也跟着上移，以至于压迫肺脏使人感到呼吸困难。只要不是贫血，随着分娩临近，胎儿会下移，那种感觉就会消失。如果确诊为不是贫血，但是还是觉得呼吸困难的话，最好再做个心电图等其他检查。”

“不是说孕期不能服用药物吗?那么医院给的治疗贫血的药物对胎儿没有影响吗?”

“那是对药物的错误的理解。虽然不能长期服用药物，但是补铁剂是例外。有时医生还会开一些缓解因为补铁而导致胃胀的药。但是请放心，只要是医院的处方药，不会影响胎儿健康的。还想说的是，片剂的补铁药要比液体补铁药好点儿，副作用小些。当然，最好的方法还是食补。”

“那么，我现在该怎么办呢?”

“依您现在的状态看不是很严重，所以我个人认为食补比较好些。可多吃些牛肝。比起其他食物，牛肝含铁量高而且容易吸收。吃一段时间后再去医院复查，如果已经恢复正常就可以不用再吃了。如果实在不喜欢吃动物内脏，就只能选择服用含铁补血剂了。”

离开医院前润熙给顺奎打了电话。一想起要自己坐着公交车回家她就有点儿害怕，于是让顺奎来接她。润熙在医院门口的烘烤店等顺奎时接到了他的电话，让她再问问博士鹅肝是不是含铁量高。润熙马上咨询了博士，并得到了肯定的回答。

润熙在烘烤店等了半个多小时顺奎才到。上了出租车后，顺奎要求司机开往都山公园。

“不回家吗？”润熙问。

“去了就知道了。”

出租车把他们带到了都山公园对面的餐厅。顺奎找了个靠窗的位置，安顿好润熙后他找到了前台经理。

“听说你们这有用鹅肝做的招牌菜，是吗？”

“当然啊，在首尔，我们家是最棒的。您要两份吗？红酒可以找服务员预订。”

顺奎和润熙在这家餐厅享受了一顿美味又浪漫的晚餐。

当天回家后，润熙和顺奎决定要度过一个美好的夜晚。顺奎不免体贴而又担心地问：“不会再晕吧？”润熙兴奋地没理睬顺奎的担心：“那我也不管，今晚就想和亲爱的在一起！”

第 19 周胎教重点

◇只要不是重度贫血就没有必要过度担心，只要按时就餐、不挑食就能保证营养均衡。比起 DHA 等营养素，每一两周去外面吃点好吃的更有益。比如上周吃了海鲜，那么这周就选择吃韩国料理。但是要注意选择有无烟区的餐厅。

◎ 饮食中要避免生食或摄取油分过多的食品。吃生冷食品不仅会使血液浑浊，还会妨碍氧气的正常供应。过多摄取油腻食品会导致体内氧气缺少，但植物性脂肪除外。

◎ 孕中期，牙龈也容易发炎，进行一般性的治疗无大碍，但是如果需要注射麻醉药要提前和妇产科医生商量。牙齿健康的孕妇也要提前注意牙齿保健，去牙科医院检查治疗时也一定要告诉医生自己是孕妇。

◎ 饮食要点：即使外出就餐也要保持少食的习惯。孕妇每天的需铁量是 18 克，肝、肉类、鸡蛋和绿色蔬菜里一般富含铁分，可以多吃些。

第20周　孕期饮酒真的不好吗

现在我已经习惯睡一阵儿醒一阵儿了，当我睡觉的时候我会把下巴贴到胸口，这个姿势也是我们胎儿在妈妈肚子里的经典姿势。

随着眼膜的发达，我逐渐习惯于光的刺激。我的眉毛早就长出来了，眼睫毛也都长出来了，头顶上也开始长头发了，这些头发等我出生后会慢慢变得越来越多、越来越粗。

最近，我会吸吮自己的手指头了，如果妈妈知道一定会很期待见到我的样子。

不知道是不是鹅肝发挥作用了，润熙不再觉得贫血了。但是还是有其他问题不断地发生。

结婚前，润熙能喝一瓶半的烧酒，所以每次都能把顺奎喝倒，因为顺奎只能喝一瓶。但是结婚后，局面完全扭转过来了。特别在润熙怀孕后，她只喝过一听啤酒和几杯红酒，尽管偶尔也非常想喝点儿，但是为了孩子，润熙忍了再忍。

这些日子天气非常炎热。润熙去超市买东西时看到了装有啤酒的冰柜，里面正好有她大学时代就非常喜欢的那个牌子的啤酒。等顺奎回来了，一起少喝一点吧！润熙这样想着就顺手打开了冰柜门拿了几瓶。

回到家时润熙已经满头大汗了，她坐在客厅里吹着凉风，心里却惦记着刚买回来的啤酒。少喝一点儿应该不会有什么问题吧？

润熙拿了杯子和酒放在地板上，舒服地劈开腿坐了下来。可能是太久没有喝过酒了，刚喝了一小口就觉得特别爽口。就因为怀孕就要拒绝

这么好的东西吗？润熙突然觉得一个女人要经历怀孕这件事情是多么可悲。想到这润熙干了杯中的酒，瞬间觉得头脑特别清爽，心里也热乎乎的。啊，就是这个感觉！

干了两杯后，润熙拿起了手边的报纸开始翻看起来，边看边唱，一瓶啤酒一会儿就喝没了。润熙觉得没喝够，于是又打开冰箱拿了一瓶。

不知不觉中已经喝了第三瓶酒，脑袋有点晕晕的，但是也没耽误润熙打开了第四瓶。

喝着喝着开始犯困，润熙想去卫生间小便，于是起身走向卫生间。不知道是踩到了从台上掉下来的香皂还是地上没擦干净的水，她一踏进卫生间就突然摔倒了，瞬间，润熙仿佛看到了哭喊着救命的樱桃的脸。不行，不能摔倒，不行！

润熙吓得一下子站了起来，她看了看周围，发现自己竟然在卧室里，原来刚才竟然睡着做了个梦。可是怎么觉得自己的下身湿湿的呢？咦，难道是尿床了吗？润熙掀开被子，发现一个已打开瓶盖的酸梅饮料瓶，原来自己迷迷糊糊中浪费了喝了一半的酸梅饮料。

下班回来的顺奎听到这件事后笑得前仰后合。

“别笑了，当时都吓死我了。”

顺奎收起了笑容，突然想起来上次在酒桌上和“摇晃”博士谈话的内容，博士说怀孕中的孕妇经常饮酒或者喝醉的话是非常不好的。酒精会毫无障碍地通过胎盘，即使是一次的醉酒也会破坏胎儿的脑细胞。而且喝多了有可能滑倒，导致流产。另外，孕妇如果经常喝酒，胎儿可能会得各种疾病，如脸部畸形、先天性心脏病和关节炎等。这让顺奎感到后怕。但是博士也说了，小量的酒精还是有益于健康的。一般来说，如果女性在怀孕前的酒量在三小杯白酒左右，怀孕后每周也可以喝一杯啤酒。除了啤酒之外，喝一些红酒也可以，有助于消化。

既然教授这样说过，润熙也就放下心来。晚饭前顺奎去超市又买了两听啤酒，给润熙倒了一杯，其他自己喝了。

快入睡时，润熙说：“亲爱的，今天真担心会从床上掉下来，要不我们在地板上睡吧。”

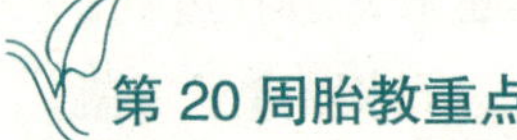

第 20 周胎教重点

◎ 到了这个阶段胎儿已经可以辨别各种旋律了，大多数胎儿都会有胎动表现。

◎ 孕妇如果对产妇课堂和育儿教育感兴趣，可以参加一个学习班，在那里可以和其他孕妇交流经验。孕妇课堂的最大作用不在于讲课内容，而在于它可以提供一个空间，让孕妇们互相交流，从而减少孕妇的不安心理。

◎ 胎儿现在开始在腹中吸吮手指了，这是胎儿的一种本能动作，是在练习吃奶。

◎ 饮食要点：尽量不要食用油炸食品或者腌制食品等，这些制作过程复杂的加工食品对孕妇和胎儿的健康不利。

第 21 周　生个聪明的宝宝

现在的我可能和大孩子没有什么区别了。我近期也开始有规律地睡觉了。希望妈妈能掌握好这个时间，并在我醒着的时候给我讲故事。

我真是为妈妈不在乎我的性别而感到高兴。虽然从我来到妈妈的肚子的瞬间，这个事情已经是决定了的，但是至今我也不知道自己到底是男孩还是女孩。

这些日子，我在妈妈的羊水中欢快地玩耍，所以我的位置老是发生变化。但是也不必担心，因为这足以证明我很健康活泼。还有，我玩耍的羊水环境会随着妈妈的状态而变化，所以我过得非常舒服。现在如果拿个听诊器放在妈妈肚子上，就可以听到我咚咚咚的心跳声了。

润熙打算生完孩子后就再另找些事情做，她之前工作的学院规模不是很大，自由时间也比较多一点儿，所以生完孩子后可以在家边看孩子边再找个简单的工作。润熙希望最好是做翻译。

在怀孕 20 周之前，因为身体上的原因，润熙一直没有看书。有一天，润熙突然觉得不能再这样颓废下去了。光靠着顺奎的工资，他们就很难在预计的时间内买房子，所以她打算生完孩子后自己也马上工作挣钱。

润熙内心非常着急，于是又将大学时代的教材翻了出来。除了想自己学习知识外，还因为听说在怀孕时看看书有利于胎教，出生后的孩子也会聪明。

捡起了放弃好几年的法语书真不是件简单的事，还要花大量时间查阅生词。虽然比起孕早期润熙已经轻松多了，但是也难免会有些妊娠反应，所以看书时也老集中不了注意力。虽然制订好了每天的学习计划，但是却很难坚持下来，就这样又白白浪费了几天时间。

润熙决定再翻翻《顺利怀孕百科全书》，看看其他孕妇的经验。书上说有位孕妇坚持听语言类广播，不知道是不是因为这个原因，她的孩子在4岁时语言能力就已经非常突出。润熙不敢盲目相信，所以又到博士的网站搜索了一下，看看有没有和自己相似的情况。

Q：我小的时候，数学成绩非常不好，所以最近一直在看《数学定律》，希望我的孩子的数学成绩能好点儿，请问这样做会有效果吗?

A：虽然对于数学的渴望值得称赞，但是不希望您的胎教目的仅出于这一点。即使是爱因斯坦和居里夫人这样的科学家们如果没有真心去做胎教的话，他们的后代也不会是天才的。事实证明，很多高智商、高学历的父母也会因为孩子的成绩而苦恼。在和他们的谈话中我们得知，他们怀孕后都忙着写论文以至于经常分房睡，偶尔也会因为一些生活琐事而吵架。这些都不利于胎教。

想要促进孩子的大脑发育，最重要的是在胎儿时期就重视对大脑的刺激。

首先妈妈要享受胎教的过程。如果自己并不喜欢数学，还强迫自己去学，这对胎教并无好处。每个人都有自己的爱好，有人喜欢猜字游戏，有人喜欢写写东西。所以，胎教过程中也要寻找自己的爱好，从中享受自己的乐趣。

第二是要根据胎儿的成长阶段进行胎教刺激。比如，当胎儿的听觉系统还没有长成时就给他讲《一千零一夜》的故事，其实就是浪费时间。还有就是怀孕时可以试试与胎儿对话，一边跟胎儿说话一边轻轻地抚摸肚子。到了怀孕后期，可以选择自己关心和感兴趣的书籍或电视剧，当看到了感动的画面，孕妇一定要尽情感受，也可以时不时地和胎儿进行对话。一定要记住，过度地强迫自己做自己并不喜欢的事对胎教没有好处。

看到这里润熙觉得博士说得很有道理。这种过强的目的性不会有好的结果，对樱桃的胎教也是如此。

从那天起，润熙决定先放弃学习计划，打算买些自己喜欢的书，舒舒服服地躺着看。那天润熙给顺奎打电话让他帮忙拍下自己在网上看好的书，外加一本抗压力、抗忧郁的书。

第 21 周胎教重点

◎ 随着胎儿的大脑发育，他开始步入学习阶段。首先要提供一个好的环境，然后再进行刺激性胎教。

◎ 胎动在这时会越来越明显。随着胎儿的成长，他的肌肉也更有劲儿，胎儿通过这种运动去强化骨骼生长。如果现在还没有胎动就要去医院做一下检查。

◎ 随着子宫的增大会压迫肠道而导致便秘，所以此时的饮食和排便的规律性非常重要，要注意调整。

◎ 饮食要点：水果不要放太久，否则会失去 50%的水分。烘干水果富含维生素和纤维素，可以替代糖果。

第22周　肚子大胎儿一定大吗

妈妈真是善变的女人啊！情绪刚刚稳定一些，因为身体不舒服就又发火，还老叹气。可能是因为我的快速成长吧，妈妈变得很敏感，周边环境的一点变化都可能会成为妈妈苦恼的根源。

只要妈妈一担心，我周围的环境也跟着变化。怎么说呢，就感觉不好的东西都往我身上靠，这可能就是压力吧，我也会跟着收缩。

我现在的皮肤是粉嫩的，但是还是有点褶皱。我现在也可以区分酸甜苦辣的味道了。

我的身长已经有27～30厘米了，体重也有600～700克了。但是不要担心，比起我的个头，妈妈肚子里的房间还足够大，所以并不影响我的玩耍。

骨盆内的血液循环和新陈代谢的活跃使得润熙的分泌物越来越多。有一天，润熙突然又为一点小事儿苦恼了起来。

黄宝女士来收会费时看着润熙的肚子问了一句："新媳妇，现在第几周了？"

"22周吧。"

"才22周，肚子怎么这么大呢……"

这句话弄得润熙很是郁闷。

关上门后，润熙脱了上衣站到镜子前自己看了半天，也觉得肚子挺大的。润熙开始担心自己身体是不是出了什么问题，更担心会不会生出个巨婴。

恰巧那天王美子来小区附近办事，顺便来看润熙，润熙就开始向她问个没完，王美子也觉得她的肚子有点儿大。润熙真想马上跑到医院去检查一下，但离预约的时间还有 1 周。润熙又到网站给博士留了言，结果只收到自动回复：博士去波士顿出差了，3 天以后返回。

润熙心急如焚，但是也不能为这点儿事打越洋电话吧。网站里并没有因为肚子大而咨询的记录。润熙想了想，决定在论坛里留言，看看有没有其他孕妇能提供一些经验。

晚上果然有人来电。

“我是怀孕 30 周的姜美兰。看到您的留言，所以给您打了电话。前些日子，我的状态也很严重。”

“谢谢您的来电。”

“我听我的主治医生说，孕妇的肚子看起来大有很多原因。比如身材高大的孕妇不会很显怀，而身材娇小的孕妇就比较显怀，所以肚子看起来会大些。还有就是腹部发达的人也比较显怀，生过孩子的人也比头一次生育的人更显怀。”

“可我是第一次怀孕啊？”

“那您的身材肯定比较苗条吧？”

“那倒是。”

“实际上腹围和胎儿的大小没有直接关系。当然肚子的大小也会随着胎儿的成长而发生变化。但是在孩子长大之前腹围是由脂肪决定的。还有，要根据子宫的大小来判断胎儿的大小，腹围仅供参考。比起一次的测量数据，多次测量后的平均值才是准确的。所以不必太担心。”

“听您这么说真是放心了，真是感谢您，都不知该如何答谢。”

“不用这么客气。还有，您家里有净水器吗？”

“啊？”

“医生说新鲜的水源是孕期最好的营养来源。虽然自来水也可以直接饮用，但是毕竟不是很放心嘛，医生让我一定将自来水过滤后再饮用。所以说家里最好准备一个净水器，我们公司近期会推出一款新型净水器，是个不错的机器。我强烈推荐给您。”

润熙稀里糊涂地听了3分钟，最终还是被说服买了一台。

挂上电话后润熙突然觉得这世界真的很恐怖。

第二天，润熙在电梯里看到了一个拿着滑板的孩子，是黄宝女士的儿子。他一手拿着滑板，另一手拿着矿泉水和药。

“谁病了吗？”润熙问。

“妈妈。”

“怎么了？”

“去叔叔家参加孩子百日宴，吃多了。”

润熙又一次觉得这世界真的很恐怖。

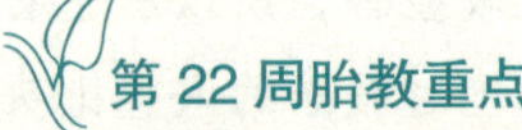

第22周胎教重点

◎通常，孕妇除了担心肚子过大外，还会担心胎儿的头过大。因为如果胎儿患有某种病，头就会过大，但这种病能通过超声波查出来。只要有一点点怀疑，医生会反复进行检查，确信后会和孕妇商量并进行治疗。通过超声波检查可以得知胎儿的头径长，即脑袋的前后大小。但是头径长不像测量手脚，很难做到准确，所以只要胎儿的脑袋稍稍偏大就会显得很大。

◎从本周起要开始做乳房按摩了。乳房按摩有助于血液循环，能促进乳腺的发育，更有助于产后的哺乳。

第 23 周　性格胎教

妈妈偶尔会喊“哎哟，我的腰啊！”可能是因为我的成长吧，妈妈经常觉得腰痛，站久了也会很疲惫。所以，妈妈常常躺着做运动，就是那种两腿分别向上抬起的动作。

虽然妈妈很辛苦，但是我也没有闲着啊。自从有了鼻孔后，我一直忙着练习自己呼吸呢。无聊时候，我还会吸吮我的手指玩。

我的皮肤还是有点皱皱巴巴的，因为我的皮下脂肪还没发育完全。但是随着我的长大我会慢慢变胖的。另外，最近好像因为我的听觉更发达了，听外面的声音时越来越清楚了。

随着怀孕周数的增加，孕妇的心理状态越来越稳定，但是也免不了会有各式各样的突发事件。

就说本周吧，润熙隐隐约约觉得下腹有点痛，突然站起来或者换个姿势时都觉得痛。可能是大肚子压迫的缘故吧。

为了保持身材，润熙坚持每天去小区旁边的公园散步 20 分钟。

星期日，润熙和顺奎闲着没事讨论着他们想象中樱桃的样子。他们一致希望他是一个健康而又聪明的孩子，润熙同时也希望他是个漂亮的孩子，而顺奎却不在乎模样，他想要个脾气好的孩子。

“好看又不能当饭吃，人最重要的是要有好的品德，像我一样。”

“可这个时代都是以貌取人的，以后更会这样。”

说着说着，两人突然想到一个问题，就是如果做好胎教是否真的有助于生出一个既漂亮又品德优秀的孩子。

正在这时门铃响了，是管理室的严老师，定期来分发物业给的蟑螂

药。润熙知道严老师之前是教师，所以向他咨询了一个问题。

“严老师，您认为一个人的性格是天生的吗?”

“大部分是这样的，所以才叫天性嘛。”

“那么，为什么每个人的性格都不一样呢?”

“那是因为遗传因素占 1/3，幼儿时期的教育因素占 1/3，还有 1/3 的因素就是孩子的成长环境。”

“那么，胎教和小孩的性格就完全没有关系吗?”

“那倒不是，我说的幼儿时期的教育就包括胎教。毕竟胎儿也是个生命嘛，应该给他创造好的环境。我认为夫妻双方如果能坚持传达父母之间的爱，那么这种爱可以转换成神奇的气韵传递给胎儿，就会影响孩子的性格。其实遗传学还没有完全被人类证实，也是个有待探索的领域。如果希望孩子有个好性格，我想，胎教应该是第一步吧。”

“他可真是最好的物业管理员啊!”严老师走后顺奎感叹不已。

润熙歪着头说：“我也有同感。但是还是不太理解，比如你比较内向，而我比较外向，真希望我们家的樱桃能取我们俩的优点，不仅有外向的性格，还拥有细腻的内心，不知道这是否可以通过胎教达到?”

“我想应该可以吧，听说有些性格比较内向的孕妇通过参加一些孕妇的活动变得开朗，最后生出一个性格开朗的孩子。”

“还是觉得迷惑，要不要给博士写个邮件咨询一下呢?”

“今天是星期日啊。”

“听说博士星期日会到医院写书呢，也有可能收到邮件啊。”

顺奎整理了刚刚和润熙谈论的问题和疑问点，给博士发了询问邮件。润熙也没闲着，正在冥思另一个问题，就是做好胎教能否生个漂亮的孩子。润熙突然想起了自己的妹妹明熙。润熙家一共有三姐妹，其中明熙长得最漂亮，还曾经参加过“韩国小姐”地域选拔赛。

润熙立刻给娘家打了个电话，想问妈妈为什么三姐妹中只有老二明熙最漂亮。润熙妈妈韩女士在电话中却只是问润熙最近身体如何、女婿的工作如何，完全没有要回答润熙问题的意思，最终润熙也没有得到想要的答案。

傍晚左右，妈妈又来电话了。

“刚才想了想你问的问题，就是为什么明熙长得漂亮，似乎也没有什么特殊的原因。你们三个都是我和你爸亲生的啊。可能是我怀她时一直心情舒畅吧，怀你的时候你爸爸正好刚开始做盐的生意，很多事情都不稳定，我也老担心。但是等到怀明熙时，你爸的事业也上了轨道，我的心情也很好。难道是因为我总笑，所以她才生得那么漂亮？”

“呵呵，妈妈真是……那么，老三淑熙呢？”

“怀她时，因为你爸爸做的担保出了问题，所以我当时真的不好过，每天都是提心吊胆的。”

听完妈妈的话，润熙觉得妈妈怀明熙时精神上和身体上都是非常放松的状态。她突然想起来博士也强调过怀孕期间一定不要有任何压力。

这时，那边的顺奎也收到了博士的回信：

樱桃妈妈和樱桃爸爸，你们好！

在医院修改作品时收到了你们的邮件。

我个人认为，在胎教过程中不要刻意去改变什么，喜欢就是喜欢，不喜欢就是不喜欢，不必刻意强迫自己去做不喜欢的事。

那么生出个完美性格孩子的最好的办法是什么呢？通过无数次实际经验证实，我个人悟出了答案。那是什么呢？直接回答就没有意思了，猜猜看吧！

提示一下，前提就是双方的互相关爱，只有齐心协力才能得出好结果嘛！要努力啊！

“这个博士，真是没办法。”

润熙和顺奎琢磨起了博士给出的哑谜。

当天晚上，顺奎在卫生间给润熙擦了身子，又做了按摩，顺奎决心好好关爱老婆。润熙也是同样的想法，小心翼翼地爱抚了半天，当顺奎正要进入到润熙身体时，她突然喊了出来。

“我知道答案是什么了！”

“你这一惊一乍的是怎么了？”

“就是博士的哑谜啊，我知道答案了！就是有着爱情的Sex！”

第23周胎教重点

◇ 想培训品德优秀的孩子，后期教育固然重要，但是也不要忽视了胎教。孕中期胎儿就开始具有听觉能力。怀孕第7个月时，胎儿可以清楚地听到外界的声音，也能敏感地捕捉到妈妈的情绪变化。这时，如果夫妻吵架或者互相辱骂，这些声音都会转换成压力激素，对胎儿非常有害，给无瑕的灵魂上留下了污点。当孕妇受到的压力很大时，也极有可能生出情绪不稳定的孩子。

◇ 夫妻间的性生活堪称世间最美好的事情。当然，前提是夫妻互相恩爱。怀孕期间过夫妻生活，其实不仅是两人之间发生关系，而是包括胎儿在内的三个人的灵魂和身体结为一体，愉快的交合还会给胎儿提供很好的环境。

◇ 这个时期，孕妇会有腿肿现象和疲劳感，这时将腿部放高可以得到缓解。

◇ 饮食要点：奶酪是种不错的孕期食品。奶酪是从牛奶中提取的营养精华，富含蛋白质，一点儿也不亚于肉类。

第24周 一定要做个诚实的丈夫

我现在开始慢慢觉得我的房间有点儿小了，想伸伸腿都有点儿难。

但是即使这样，爸爸把手贴到妈妈的肚子上时也感觉不到我的活动。

还有，真希望爸爸不要过度用劲抚摸妈妈的肚子，爸爸每次用劲抚摸妈妈的肚子和乳房时，我的房间就会变小。偶尔抚摸一下还可以，我的心情也会很好，但是万事讲究一个度嘛，有时我会觉得憋闷的。

我的皮肤仍然是透明的，所以透过皮肤可以看到骨骼和血管。我的听力也越来越好，以至于可以听到我的房间上部妈妈胃里消化食物的声音，甚至还可以听到妈妈肺部空气进出的声音。现在，最了解妈妈状态的人应该是我，而不是爸爸，更不是医生。

顺奎自认为在润熙怀孕期间自己还是做得不够好，原因是他并没有真正戒烟。润熙怀孕前，顺奎每天吸烟量在一包半左右。计划怀孕后，他就慢慢减少到每天3支。虽然很多次都想彻底戒掉，但是实在是戒不掉，所以一直背着润熙偷偷抽烟。

周末的早上顺奎被润熙的呼噜声吵醒了。吃早点时顺奎问："记得你之前从来都不打呼噜，现在怎么了？是因为怀孕吗？"

"是的，据说怀孕后不仅体形会变，体内各种分泌物也会增加，所以连鼻涕都比平时多，以至于用鼻子呼吸都困难。但是我的情况不算严重的，生完孩子就会变好的，不用担心。"

吃过饭，顺奎拿着洗发露和护发素准备去澡堂洗澡，走到小区门口时看见严老师正坐在门口发呆。顺奎走过去打了个招呼。

“您这是怎么了?”

“唉，刚接到消息，家里的一位亲属去世了。”

“真是个坏消息，那您不去殡仪馆看看吗?”

“是啊，可我在等交接班。唉！人的这一生真是的，越老越空虚。”严老师一边说着一边掏出了烟，“朴老师也抽烟吗?”

“我吗？抽。”

顺奎跟着严老师坐到了花坛边上，伸手去接严老师递来的烟时先抬头看了看自家的11楼，正好看不到他的位置，何况一会儿洗完澡回来应该没有烟味，所以他深深地吸了一口，然后听严老师继续讲着他的事。

顺奎从澡堂回来时已经是中午了。

他按了门铃，但是没人开门。他摇了摇头又按了一遍门铃，仍是没有声音。不会发生了什么事情吧？顺奎顿时觉得不安。他再次来到楼下，在小区内的公用电话亭往家里打了电话，可不管是家里的座机还是润熙手机都没打通。他决定赶紧回家再看看，回来的路上一抬头正好发现11楼的阳台上站着一个女人在看着自己，正是润熙。

顺奎很生气，可站在小区里又不好大喊大叫地发作，就站在那挺着胸、双手掐着腰，向润熙表示自己的不满。润熙似乎从阳台上扔下了什么东西，顺奎赶紧伸手去接，竟然是一盒烟。顺奎顿时傻了眼。

1小时后，顺奎头一次尝到苦苦哀求是什么滋味了。忘记带上浴巾可真是个大失误。刚才润熙为了给顺奎送浴巾，下电梯时正撞见顺奎在那抽烟，顺奎就这样被逮个正着。

顺奎像泄了气的球，坐在那一声不吭地听着润熙的数落。

“你应该知道的，孕妇吸二手烟也是一样有害的，尼古丁和一氧化碳同样会进入到体内。尼古丁会让子宫和胎儿的血管收缩，影响胎盘内的血液循环。而一氧化碳会通过胎盘吸收血液中的氧气。正因为这个，吸烟的人生的孩子容易智力低下，这可是很久以前就被证实的事实啊！我说，朴顺奎，你连这个都不知道吗？”

顺奎不敢吭声，只是点了点头。

“但是令我最生气的还不是因为你抽烟，而是你不够诚实。你分明说已经戒烟了的，可你竟然骗我，对我撒谎！”

当晚，顺奎一个劲儿地向润熙道歉，可润熙就是不原谅他。这可怎么办？怎么才能哄好润熙呢？冥思苦想后终于有办法了。他在电脑前输入了些东西，打印出来后贴在了墙上。润熙假装漠不关心，仍看着电视。顺奎见润熙不理会，假装走进了卫生间，想看润熙称他不在会不会有反应。顺奎走后，润熙立刻就转身看了看墙上的纸，上面写着这样一句话：不诚实是不信任和各种精神疾病的根源，尤其不利于孕妇的健康。

润熙终于忍不住笑出声来，心中的怒气也随之烟消云散了。

第 24 周胎教重点

◎ 夫妻间的诚信非常重要，特别在妻子怀孕期间，如果丈夫有不诚实的表现，对于孕妇来说真是个不小的刺激，甚至会引发孕妇得抑郁症。所以，丈夫真要帮助妻子做胎教的话，首先就要做到百分之百的诚实。

◎ 这一时期仍要特别注意贫血和妊娠中毒症，保证饮食均衡，尽量吃得清淡一些。

◎ 这个时候在肚子、乳房和大腿上可以看到明显的紫色妊娠纹，这是由于皮肤膨胀而导致毛细血管破裂引起的，不必担心。

第 25 周　羊水多少对胎儿的影响

妈妈最近经常对着镜子看着自己凸出来的肚子发呆，可能觉得渐渐变大的肚子很神奇吧，还有就是可能在为我的出生担心呢。

现在对我来说，最亲近的声音就是妈妈的心跳声。即使过些日子我离开妈妈肚子里的房间后，也会有这样的感觉吧。等我出生后，如果妈妈抱我的时候让我贴在她的左胸口，我会乖乖睡觉的，因为我能听到妈妈的心跳声，就像现在在妈妈的肚子里一样。

我现在经常拿着脐带玩耍，以此表达我对妈妈的感谢和爱！

润熙越来越关注胎教了，花的时间也越来越多。她在书里看到关于发育不良孩子的报道，很是担心。

7 个月的早产儿一般都发育不良，比起足月的孩子，只是身体发育不全而已，对于外部的刺激反应还是很正常的。也就是说，进入到怀孕后期，胎儿只是没有出来见世面而已，其实和一个真正的孩子已经没什么区别。

几天后，润熙又去了趟医院做超声波检查。比起 1 个月前樱桃有很大的变化。博士说樱桃现在的皮肤呈粉红色。仔细看的话，还可以看出胎儿的眼睛像爸爸还是像妈妈。皮肤泛红是因为皮下组织里发达的血管被血液充实的缘故。还有，虽然用肉眼看不到，但肺泡已经在肺里活跃发育着呢。血管也逐渐增加。他正在一步一步为出生到这个世界上积极作着准备。

博士说，只要是关于孕期的任何一个小疑问，都要弄明白。润熙想起了平时想知道的问题，决定好好向博士请教一番。

“我平时很注意自己的饮食，但是偶尔还是觉得不舒服，这是为什么呢？”

“那是因为胎儿的成长导致腹内有压迫感，另外激素分泌也会影响肌肉组织的变化。要不是时常感觉不舒服而是间歇性的就不用担心。”

“现在好多了，也就3周前吧，感觉樱桃一直在腹部下方玩耍。樱桃不会有什么异常吧？”

“那倒不会。随着胎儿的成长，子宫会变大，子宫底也会变高。但是一直到20周前后，子宫底一直处在肚脐下方，即胎儿一直处在肚脐的周边。所以这时孕妇感觉到的胎动也都是在腹部下方。”

“第三个问题可能有点很荒唐，可我有时真的担心，大便时过度用力会不会把孩子生出来呢？”

博士并没有取笑润熙的问题，而是很认真地给她解释。

“孕妇的所有的疑问都很正常，没有一个是荒唐的。孕妇对胎儿的关心是人世间最真挚的爱。一般怀孕35周的孕妇都会产生跟您一样的疑问，那正是担心分娩的时候。如果出现阵痛，而且身体达到了一定状态，大便时特别用力，真有可能把胎儿生出来。但是一般没有身体异常和阵痛感觉时，即使使劲也不会把孩子生出来的。所以不用担心羊水会破。如果自己胡思乱想，大便时忍着不敢使劲反而会得便秘的。”

“羊水多少对胎儿会有什么影响吗？”

“以您目前的状态，不必过度担心。大部分的孕妇都担心羊水多少问题。羊水由羊膜分泌的液体和胎儿排出的小便构成。胎儿在羊水里会呼吸、小便，还通过脐带把自己吸收的还给妈妈。

首先说说羊水少的情况吧，羊水少并不会引起胎儿发育迟缓，但是相对来说羊水少胎儿会比较小。羊水多的话孕妇会感觉肚子紧绷，还有就是羊水多胎儿也容易悬在羊水中不会贴到子宫壁上，因此感觉不到胎动。引起羊水多的原因大概有两种，要么本身分泌的羊水多，要么就是胎儿还给妈妈的羊水多。如果是前一个原因一般不会有问题，但如果是后一个原因就要考虑胎儿的神经系统或者消化道是否出了问题。所以如果一旦被诊断为羊水多的话，就要找到原因，要多观察几周的时间。”

结束了当天的诊断，润熙坐在休息室的沙发上休息了10分钟后走出了医院。在电梯里遇到了一个小男孩，他问润熙：“您是到一楼吧？”

润熙点了点头，小男孩按了一楼键。润熙看了看这个个头和自己差不多的男孩子，嘴里漫不经心地哼唱起来：“我是呼噜呼噜博士……”

快到一楼时，男孩好奇地问道：“阿姨，您哼的是什么歌？”

“是我小的时候一首有名的少儿歌曲，怎么了？”

“啊，没事，就是觉得很熟悉……”

第25周胎教重点

◎ 此时，胎儿通过胎动表达自己对外部的感受。最好每天都检查胎儿的胎动。虽然胎动的时间不是固定的，但是只要细心观察还是可以掌握胎动规律的。孕妇们往往误认为快到分娩时胎动就停止了，所以到了怀孕后期偶尔感到胎动时就会担心。实际上，胎儿慢慢长大后，胎动的幅度会变小，但是并不意味着一点儿都不动。不能因为还有胎动就认为离分娩还很远。

◎ 这个阶段，随着胎儿的长大，子宫会向上方的胸腔顶去，因此孕妇会有胸闷的感觉，胃部也被挤压得偶尔有疼痛感。

◎ 新鲜空气绝对是种不错的天然胎教素材，孕妇最好每周都抽出时间去周边空气好的地方转转。

◎ 饮食要点：在孕中期要特别注意不能暴饮暴食，不要因为食欲增加就过多摄取热量，仍然要多吃蔬菜。

第 26 周　男孩还是女孩

妈妈最近总是看着天空发呆。爸爸说妈妈之前可不是这样，但是自从有了我以后变得很女人。

妈妈听了爸爸的评价没表现出很高兴的样子，但是也没有失落。虽然爸爸是个好脾气的人，但有时也接受不了妈妈多变的情绪。我觉得很为难，毕竟妈妈多变的心情都是因为我嘛。

我的智商越来越高，长得也越来越壮，这对妈妈来说应该是一种安慰吧。我大脑里现在有什么东西在活跃地闪动，那就应该是脑波吧。

我现在的个头有 35 厘米，体重也快达到 1 千克了。希望妈妈加油哦！

润熙为了准备分娩已经开始练习腹式呼吸了。

据说腹式呼吸可以充分打开腹部，可以最大量地供应氧气。另外，这种呼吸方式还能强化腹肌，可以减少分娩时的痛苦。

但是润熙并没有用特定的姿势去进行呼吸，因为她本身就很习惯于闭眼冥思。润熙一般都是在小区附近的公园散步时做腹式呼吸。

润熙按照书中的描述，挺直后背，用鼻子慢慢呼吸。在数 5 个数之内深吸一口气，这时腹内会有一种强烈的充实感，再慢慢吐气。刚开始的时候还不是很习惯，努力反复练习后，现在坐在沙发上都能很自如地进行腹式呼吸了。

润熙说分娩前想回趟娘家，顺奎二话没说就答应了。为了在坐长途巴士时不至于因为犯困而影响欣赏窗外的风景，润熙头一天晚上特意比平常早睡了1小时。

星期六早上，顺奎和润熙起来收拾好以后就去了江南高速巴士客运站。

虽然天气很热，润熙还是穿上了长袖衣服并涂上了隔离霜。近来因为内分泌失衡，色素分泌过多，润熙脸上也开始有了妊娠斑。夏天更容易出现贫血和浑身无力等症状，所以，润熙早晨特意吃了很多。

“你希望是女儿还是儿子呢？”车开出首尔城时，润熙问顺奎。

“我都说了不在乎男孩女孩的。”

“上次说过一定要摆好心态，是吧？”

“我还是和刚知道你怀孕时一样，希望是女孩，虽然我妈很渴望孙子。”

“……”

“你没问过医生吗？”

“没想着要问，再说博士也不会告诉我的。一般医生看了超声波后，如果是女孩就会说‘真漂亮’啊之类的暗示，可博士什么都没说。”

“上次不是说樱桃很活泼好动嘛，那是不是暗示是儿子呢？”

“你真是个书呆子，难道女孩就不能活泼好动吗？”

到了娘家后，润熙妈妈本来打算带着女儿、女婿去吃家乡最好的拌饭，而且博士也说过拌饭是包含各种营养成分的好食品，但是润熙还是想吃妈妈做的饭菜，在家做还能控制用盐量，对樱桃也有好处。

当晚，润熙执意要和妈妈睡，顺奎只能独守空房了。躺下后，润熙和妈妈聊天。

“妈妈生我时什么感觉？”

“哭了好多次。”

“为什么？因为我是女孩的缘故吗？”

“……”

“虽然好多人嘴上说不在乎男孩女孩，但心里却不这么想。您知道

我的朋友明姬吧？她婆家条件好，分娩之前她一直都住在医院的贵宾房，结果生了个女孩以后，婆婆马上就把她换到了普通病房。她伤心得一直哭，饭都吃不下。产房里明明都是一样的孕妇，生了男孩的总是一脸骄傲，生了女孩的却一脸沮丧。"

"我不是因为那个哭的。虽然说因为生了 3 个女孩没少挨你奶奶的骂，但是我没因为那个哭过。"

"那为什么哭?"

"生明熙和淑熙时我都没有哭，但是唯独生你时难产。当时我就想，这孩子要是男孩就好了，男孩子的话，他以后就不用经历这样的痛苦了。结果生完后护士说是女孩，所以我觉得难过。时间过得真快啊，如今你都要做妈妈了。但是你不用担心的，现在医院的条件好了，产妇的营养也很好，所以生孩子要比以前容易了。前不久看了一档访谈节目，主持人问嘉宾想生几个孩子，他说要生 9 个，组成一个棒球队。作为女人，听到这样的话我觉得很气愤。以前是因为避孕技术不好，所以会生那么多孩子，但现在不一样了，女人又不是生育机器，男人不该有这种想法，那是很大男子主义的。"

"……"

"哦，对了，你让朴女婿自己睡可以吗？我不记得在哪里看到的，说怀孕时夫妻绝对不能分房睡觉，除了喝得酩酊大醉。"

"……"

"夫妻间的感觉就是不一样，就是睡觉时翻身碰到对方也会感到温暖。"

"……"

"哎哟，我说怎么不理我，这么快就睡着啦？我的女儿还是以前的样子嘛。"

那晚，没有润熙在身边，顺奎翻来覆去的直到 12 点多才睡着。

第 26 周胎教重点

◎ 去婆婆家时，2 小时的路程都觉得远，但要是回娘家，即使是 4 小时的路程都不觉得累，这就是孕妇们的心思。建议怀孕期间可以让孕妇偶尔回娘家过一夜，这会让她们心情大好。

◎ 大部分的孕妇比起怀孕前都变得更加敏感而且更容易流泪，在感情上十分脆弱，一点小事都会触动她们的神经。女性要正确认识这个问题，只要没有达到忧郁的程度就很正常。

◎ 饮食要点：怀孕期间尽量少吃油炸食品，做菜时也少用油炸面粉。

第 27 周　正常肥胖和不正常肥胖

我的脸部轮廓现在越来越明显了。妈妈要是眼睛敏锐的话就可以发现我长得像谁了。只要仔细数一下我踢脚的次数，会发现我每天踢的平均次数都是一样的。只要数量变化不大，就表明我很健康，长得很好哦。

随着我的长大，妈妈的肚皮会越来越薄。因此，我对外界的声音和光线也越来越敏感。我很讨厌突然袭来的噪音和强烈的光照。所以，希望妈妈无论夏天怎么热，都不要直接把我露到太阳下哦。

从娘家回来后，润熙的体重在一周内增加了 1.5 千克。润熙一直记着博士说过，孕妇不能随心所欲地暴饮暴食，所以被自己增加的体重吓了一跳。体重增加这么多，可能是因为在娘家住的这几天每顿饭都吃得可口，加上来回的路上一直坐在车里没有运动，回来后为了缓解疲劳又躺了一天。

润熙拿出了书查找关于孕期肥胖的问题。书上说，孕前就比较肥胖的孕妇最好将整个孕期的体重增加控制在 9 千克以内。肥胖非常不利于分娩。但是一般女性的话，只要体重增加不超过 10 ~ 12 千克，就不必刻意去减肥。

脂肪比重大的孕妇相对于正常的孕妇来说，子宫和产道的脂肪堆积比较多，子宫的伸缩能力低下，因此生产的时间也比别人长。另外，子宫收缩能力低下分娩时出血量也多，供给胎儿的氧气也少，因此，很容易发生意外，以至于要做剖宫产。不仅如此，肥胖的女性很容易滞产，分娩时间变长，胎儿就很容易被细菌感染。体重增加也是因人而异。一般年纪小、初次怀孕的女性体重增加得比较明显，孕前体重较轻的女性，怀孕后增加 14 千克也是正常的现象。

润熙看了看自己体重变化记录，妊娠呕吐时因为吃得不好，体重竟然下降了 300 克左右。在那之后，时而增加 400 克，时而增加 200 克，一直都是很平均地增加。

当天，润熙没有午睡，而是在客厅里走来走去。等晚饭后又和顺奎一起去公园走了一圈。

第二天，润熙刻意没有去称体重，毕竟体重不是什么重要的指标，觉得自己不能过于担心这个问题。

但是其他问题还是不断出现。润熙突然想起了博士曾和自己说的话，不免又担心。博士说过，到了怀孕 8 个月时，孕妇会面对一系列饮食问题。因为胃部受到子宫的挤压，只要吃一点儿东西就会觉得很饱，但没一会儿工夫又会饿。这时可以少食多餐，但是睡前 1 小时尽量不要进食。等到胎儿慢慢下移，肠胃的负担会越来越小，情况就会好转。只要有点儿节制能力就可以克服，所以不用很担心。但是吃得并不多体重还是快速增加的孕妇要格外注意，除了怀有双胞胎的可能外，还要小心是不是妊娠中毒引起的水肿或羊水过多引起的体重增加。

几天后，博士收到了一封邮件，一封来自非常苦恼的孕妇的求助信：

博士您好！我长胖了，非常苦恼。

每走一步我都觉得非常辛苦，之前从来没有过这种感觉。照这样下去，我会不会变成难看的中年妇女呢？虽然知道自己有多幼稚、多么自私，但是我真的很难接受目前的变化，真是难以想象。博士，知道您很忙，但是请您帮帮我。

看过发信者，博士大笑了起来，因为发信者不是别人，正是樱桃的爸爸。

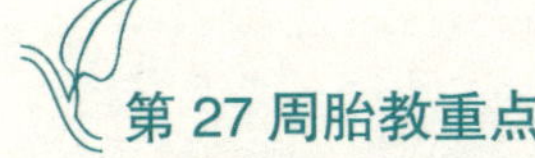

第 27 周胎教重点

◇从现在开始，每两周必须去医院做一次产检。还要注意预防妊娠综合征。尤其是在冬季，因为血管收缩得厉害，更要留心妊娠综合征。

◇此时如果要过夫妻生活最好采取女性上位或者后位的姿势。尤其是后位姿势，可以刺激胎儿的大脑，有助于他的发育。

◇目前仍有很多孕妇担心自己的身材会因为怀孕而走形，更担心因此而影响个人魅力。其实女性会有这种苦恼责任在于男性。本来女性因为怀孕神经就变得很敏感，作为丈夫如果毫无顾忌地说妻子变胖或变难看了，很大程度上会伤妻子的自尊。男人们也可以想象一下，自己要是有了孩子，该多难看、多没有魅力呢？幸亏是女性怀孕，凸出来的肚子还显得漂亮些。想告诉天下所有妻子已经怀孕的丈夫们，请不要吝惜你们的赞美，告诉自己的妻子，她们年轻时漂亮，怀孕时更漂亮。态度一定要诚恳，绝不能心不在焉。

第 28 周 视觉胎教的三大原则

最近我经常凌晨时在妈妈的肚子里翻来覆去，因此会把妈妈吵醒。刚开始，妈妈试图再入睡，但是好像不是很容易。所以后来妈妈干脆就看书，以便催眠。

我的皮肤现在有点红红的，开始从透明变成不透明的了。妈妈也可以看出我的手指是 5 个还是 6 个了。当然我现在还很担心妈妈会不会因为我的长大而感到呼吸困难。

虽然从没有人告诉过我，但是我知道，总有一天我要离开妈妈肚子里的房间。

润熙是个非常有主见的人，但是自从怀孕后就很容易受到他人的干扰，会因为周边人一句无心的话而受伤。有时润熙自己都觉得太敏感了，有时也觉得自己很孤独，感觉只有樱桃是站在自己一边的。

润熙也很会自我安慰，她想积极看待这个问题。出于对樱桃的胎教，润熙也想时刻保持好心情。

润熙谨记着博士曾说过的：读自己喜欢的，听自己爱听的，看自己爱看的。因此在选择胎教教程时，她没有随潮流去买那些胎教童话书或者伟人传记之类的，觉得那些并不适合自己。她绞尽脑汁回忆自己在结婚前爱看的一些书籍，并从中选定了 10 本自己认为最有意思的。润熙觉得买书的钱绝不能省，一口气在网络书店将自己喜欢的书全买了回来。润熙经常大声朗读那些书，觉得写得不错的地方就反复读几遍，有些地方因为反复朗读，都能背下来了。

除了看书，润熙还经常听音乐，也没有刻意买胎教音乐的 CD，几

乎都是从网上下载的，喜欢听什么就下载什么，轻音乐啦，爵士乐啦，等等。随着肚子一天天增大，骨盆的压力也越来越大，偶尔会有腰痛的感觉，润熙每次都把腿放到沙发上，一边休息一边听音乐。

润熙并不是很喜欢闲逛，因为觉得走动时容易出汗，很难受。再说了，润熙已经见识过号称韩国最漂亮的济州岛了，所以并不是特别想去别的地方观光。虽然王美子总是劝润熙多去画廊转转，但是润熙觉得即使有毕加索的原作她也提不起兴趣。

虽然对旅游和名画提不起兴趣，但润熙对自然的变化却很感兴趣，即使是微小的变化也会吸引她。所以管理室严老师用自己的工资装扮的小花坛成了润熙最喜欢的去处。虽然只有一种花，但是看到各不相同的花瓣，润熙还是流露出很快乐的笑容。偶尔还能看到穿梭于花瓣间的蜜蜂，观察它们如何抖动翅膀，闭目聆听翅膀抖动的声音。坐在树荫下的椅子上，仰望天空，看见阳光被树叶折射到另一个方向。润熙觉得能用心去感受大自然真的很惬意。

润熙的生日快到了，她给顺奎发了邮件，告诉他自己想要的生日礼物。收到邮件的顺奎有些意外，因为润熙想要的礼物竟然如此简单：原稿纸 3 捆、蓝色墨水和钢笔。

第 28 周胎教重点

◎ 此时开始，胎儿自身也开始为分娩作准备了。血管已经发育到足以吸收氧气和吐出二氧化碳的程度，通过超声波可以看到胎儿心脏的左右心房和心室。胎儿也可以用肺进行呼吸了，说明这时候即使早产了也可以存活下来。

◎ 润熙的胎教方式虽然很好但不一定适合所有的人，也不必完全去效仿。进行什么样的胎教应该由孕妇自己来决定，要根据自己的喜好来。不要受他人的影响，不能听说哪个好就盲目跟着学，要自己觉得好

才行。

◎饮食要点：吃鸡肉时应剥掉鸡皮，以避免摄入过多的热量。

——第 4 章——

孕后期胎教

YUNHOUQITAIJIAO

第 29 周　选择水中分娩还是一般分娩

妈妈好像已经掌握了我的作息时间，知道我什么时候睡觉，什么时候玩耍。所以她在我睡觉时一般不会打扰我。我睡醒了无聊时也会主动碰碰妈妈的肚皮，告诉她我睡醒了，然后妈妈就会抚摸我，不时还会为我哼唱两首歌。我也在努力练习用眼睛看东西呢，有时真想马上就见到妈妈。

我真希望从现在开始，妈妈把我当做一个小孩儿看待而不再是胎儿。虽然还看不到外面的世界，但是我已经可以区分光的种类了，也能像小孩儿一样呼吸和自我调节体温了。只要我再多多练习调节体温，等我出了妈妈肚子里的房间，就能适应外界温度的变化了。

我的外表越来越漂亮了，皮下脂肪也越来越多，软软的，这些脂肪是我的能量之源。

这一天黄宝女士来收会费。“新媳妇，预产期是什么时候？”

“还剩 10 周左右吧。”

“要选个好日子生啊。”

“啊？”

“要么怎么会有生辰八字的说法呢？我也是根据我婆婆定好的日子生了个儿子嘛。现在孩子都已经初中二年级了，只要考试全部都是 100 分，所以你也选个好日子生吧。”

“我不在乎。看他什么时候想出来吧。”

“哎呀，这世间的事情真是难料呢。知道为什么有那么多人做剖腹产吗？虽然也有医院的原因，但是更重要的是好多家庭都想在预定的日子生产。越是有钱人家越重视这个。所以从现在开始好好定个日子吧。我知道有家算得不错，要不要给你介绍一下？”

“请问，我可以一次性缴纳一个季度的会费吗？”

“3个月的吗？要出远门吗？”

“不是，我想有钱时一块交了。”

“那我肯定没问题了，省心嘛。”

黄宝女士没看出润熙的心思，润熙实在是对她感到不耐烦，而且一点儿也不相信黄宝女士家的孩子能聪明。

第二天，顺奎和润熙去了医院。润熙把黄宝女士说的事情和博士学了一遍。博士的脸色瞬时暗了下来。润熙吓了一跳，从来没见过博士也会有发脾气的时候。

“我只要听到这种说法就生气。都什么年代了，竟然还有人那么想，有时真怀疑我国还算不算文明国家呢？”

看到博士这个样子润熙和顺奎都不知道如何是好了。博士喝了口水平静了一下，为润熙看超声波结果。

博士又提醒润熙过些日子血压可能会上升。尤其在冬季，孕妇的血压上升得更快。但是只要不是太快就不用担心。

“不管怎么说，我还有个疑问，顺产真的很好吗？”

“当然啦！顺产对于孕妇来说可能有些痛苦，但是为了胎儿好也要顺产啊。根据以色列的统计，顺产和剖官产的孩子的IQ差异2分左右。虽然我们韩国还没有关于此项的详细分析资料，但是我好像曾经在某个杂志里看过，韩国某知名大学的新入学员中，顺产的孩子数量占了很大比例。

为什么会这样呢？那是因为胎儿在顺产过程中经过产道的挤压后整个身体的组织，包括大脑在内，都受到一定程度的刺激。可能有些孕妇会认为那样会让胎儿受罪，其实并非如此。那只是非常温柔的刺激而已。另外，胎儿在顺产的过程中不用遭遇呼吸困难的问题。一般顺产时，胎儿会带着储备的氧气出生。因为出生时脐带会缠绕，出现氧气暂时供应不足现象，所以打新生儿的屁股，也是为了激活胎儿自身呼吸氧气的功能。

不是迫不得已尽量不要做剖官产。为了生辰八字定时做剖官产或者为了避免医疗事故而选择剖官产都是不正确的。此外，剖官产的产后恢复时间相对来说也长，新生儿出现呼吸困难的概率也比顺产高出很多，在剖腹手术和输血过程被感染的概率也很高。

需要剖官产的情况大概有以下几种：骨盆小胎盘挡住子官口，产妇年龄大，胎儿过大以至于子官开口不足，有子官硬块肿大、卵巢囊肿、妊娠中毒等孕妇综合征，这些情况下就很难坚持顺产了。

另外，我还想说一下关于无痛分娩，虽然我不是很反对无痛分娩，但是为了确保没有后遗症，一定要由经验丰富的麻醉师和医生主刀，即要注意观察产妇的状态后再投药。缺少经验的人掌握不好那个时间点，盲目注射麻醉药会后患无穷，副作用很大。”

“听说秋千式分娩挺不错?”

“我并不赞同。人类通过很长的岁月摸索出的分娩方式才是最合理最适合常人的。也就是说，现在医院惯用的顺产方式才是被认证的最理想的分娩方式。而秋千式分娩，医生很难控制其过程不说，产妇像在坐着海盗船的感觉，她又能如何顺利生育呢?”

“有种说法说顺产是人类文化遗产中的一项，前提是孕妇不受痛苦。”

“那都是观点差异的问题。现实生活中，我觉得的确有必要维护孕妇权利，比如现在很多人把注意力集中在了讨论胎儿的性别上，对孕妇的照顾和关心不足。有时根据孕妇的个人体质和健康状况，顺产的条件差些，导致孕妇遭受的痛苦也大。但是现在的生活好了，孕妇的营养补充也好了，加上分娩技术也很发达，所以比起以前的条件，现在真是好了很多。”

“那么，水中分娩算是自然分娩吗?”

“我不这么认为。大家不应该认为水中分娩是个超先进的方式。只不过在20世纪70年代在美国盛行过一阵子而已。为了胎儿，也不该在水中分娩。首先，水中分娩的缺点就是不能控制胎儿的心跳状态。另外，比起羊水中的水，水中添加了外界水的复杂成分。虽说都是消过毒的，但是不能确保完全杜绝了细菌和病菌。胎儿方面，也会有呼吸困难等现象发生。万一胎儿吸到了水，会感染到肺部，甚至出现大脑麻痹和精神分裂等危险。母亲们总不愿意拿着胎儿的健康去换取分娩的相对安乐吧？”

顺奎之前还曾想过水中分娩，在听了博士的说法后完全放弃了这种想法。润熙也是，即使自己累点、痛苦点也愿意面对这一切。

第二天，润熙从公园散步回来时看见了很多人围在一块，黄宝女士正和另两位女士在撕扯，只听对方埋怨着：“你到底是怎样教育孩子的？哪有无缘无故就打人家孩子的，怎么这么没教养，都已经是第三次了。这是医院开的诊断证明！”

第 29 周胎教重点

◎ 从现在开始，每周要检查一次血压和体重，然后每两周检查一次尿液。

◎ 孕妇自己摸肚子时已经可以摸到胎儿的大概位置了，这个时期还要随时准备早产的到来。

◎ 连接妈妈和胎儿的就是胎盘，它对于大脑的发育起着非常重要的作用，所以胎盘的提前老化对胎儿的大脑影响非常大。如果孕妇压力过大就会导致血管收缩，随着血管的收缩，输送到胎儿的血液量也减少，因此胎儿成长所需的激素就减少，这种现象就是胎盘老化。

◎ 饮食要点：从现在开始要格外注意盐分的摄取量。如果觉得菜肴太淡没有味道的话，可以拿别的味重的调料调试一下。

第 30 周　孕期如何处理夫妻矛盾

妈妈现在已经很习惯通过超声波和我见面了，但她总是在意肚子的大小，其实完全没必要担心，只要有点问题，医生肯定就会提前说的。

我感觉现在自己已经成了听力专家了，比起最初只能听到妈妈心跳声的我变化很大。通过超声波可以看到我会随着爸爸妈妈歌声的节奏跳舞，如果他们知道一定会很惊喜。

我的大脑已经开始有褶皱了。据说大脑表面有褶皱的话就比平面有更多的脑细胞。这是不是说明我的大脑构造发育很完好呢？

我的个子也有 40 厘米了，比一般的布娃娃都大了吧。还有我的体重也有 1.5 千克了，别吓到哦。

博士的第二次讲座在板斧附近的汉江高水基地举行。邀请函中明确写着“已经预备了坐垫，不必自备”的字样。因为日子定在周末，主题也是有关解决夫妻矛盾的，所以不同于上次的讲座，大部分孕妇都有丈夫的陪伴，润熙也不例外，带上了顺奎。

等到人都差不多到齐了，博士开了场。

“孕中的夫妻关系如同地雷区，有太多的原因成为夫妻吵架的导火线。为什么会有那么多的夫妻吵架？我以自己接触过的案例给大家分析一下。

首先，就是因为心理不平衡。

有一次，一位妊娠反应很严重的孕妇和丈夫一起来做超声波检查，在候诊室里丈夫问妻子累不累，结果妻子扭过头去理都没理。后来我单独和孕妇在一起时问她刚才为什么不理丈夫，孕妇的答案是，自己独自忍受妊娠反应的痛苦心里感到委屈，所以一直抱怨丈夫。

我虽然不赞同这位孕妇的态度，但是也很理解她的心情。假如把怀孕过程比做一场百米赛跑，孕妇要背着沉重的包袱，而丈夫却毫无累赘，妻子难免会觉得不公平。

事实上孕妇也的确如此，她要独自承受妊娠反应的痛苦和对分娩的恐惧。所以会有很多女性怀了孕后都会觉得自己是个受害者，而伤害她的就是自己的丈夫。大部分女性都是出于母爱自己克服种种困难，但是一旦中间遭到了丈夫的不解和误会时，就会控制不住爆发，结果就容易引发一场夫妻战争。

解决的办法并不是让孕妇忍让，孕妇们已经遭受着肉体上的痛苦，希望丈夫们在感情上给予更多的关爱，随时用言语和行动表达自己对妻子的关爱和歉意。”

博士说到这里时，很多孕妇们都纷纷点头表示赞同。博士继续说道：

“下面我指出几项丈夫们应该注意的行为。

首先接受妻子怀孕的事实。在夫妻生活方面，女性在怀孕后一般都会恐惧房事，男性们一定不要只顾着自己的欲望，从而引起妻子的不满。

再有就是不要把家务全部推给孕妇。因为孕期的各种反应，孕妇很多时候体力上吃不消，这时再把家务全都交给女性，你们说，有几个孕妇能忍受呢？

第二个吵架的原因是女性对于怀孕后自己身体变化的不了解和无知。”

润熙听到这突然觉得脸红，她想起了“卡拉 OK”事件。

“女性一旦怀孕了，因为激素的代谢旺盛，分泌物就会增加。不仅唾液变多，阴道的分泌物也会变多，那是再正常不过的现象。但是很多

无知的男性并不那么想。甚至有些男性以此为借口挑剔自己的妻子。只要不是细菌性感染，那种变化反而表示女性非常健康。所以男性应该解除误会，不要那么无知了。换句话说，不要感觉妻子的性感魅力下降，而要给她更多的关爱。作为妻子，也要主动给丈夫讲解这方面的知识，以便消除误会。

第三个吵架的导火索就是家庭问题，包括照看孩子和处理与婆家矛盾等。照看孩子应该由夫妻双方共同来承担，但是很多男性在这方面做得还很不够。关于这个问题，丈夫们一定要向妻子保证，下班后尽力帮助照看孩子。至于与婆家关系问题，起码妻子在怀孕期间，丈夫一定要成为她的保护伞，不要让妻子觉得在婆家受委屈。

第四点就是经济问题。经济问题也很重要。孕妇和丈夫经常会为经济问题苦恼，比如因怀孕而增加的医疗费用、未来生活的费用等。但是只要不是过于追求物质生活，只要两人感情好，经济上的暂时困难还是可以克服的。问题的关键是不能和别人攀比，那只会让自己很郁闷。所以大家要调整好自己的心态。

以上就是孕期夫妻吵架的几个主要原因。我还想强调的是，怀孕中的夫妻吵架往往由鸡毛蒜皮的小事引起，然后互相翻旧账，没完没了，最后演变成一场大战争。"

这时有位戴棒球帽的 30 岁左右的男士举手提问："作为丈夫，我觉得自己已经尽了最大的努力，但是妻子还是不满意，我该怎么办？我也是平常人，怎么能全部忍受呢？"

"您自己认为做得最好是以什么标准来衡量的呢？是自己爱老婆的标准呢？还是和别的丈夫比较的标准呢？我之前也接到过很多来自丈夫的类似的疑问。发现大部分的丈夫不是以自己爱老婆的程度去判断，而是和别人家的丈夫比较后觉得自己做得好。当然，相信您不是那样的。"

顺奎突然觉得教授是在说自己。他之前一直认为自己已经做得很不错了，但是好像一直都是在和同事丰代理作比较才觉得自己好。

看了看在座的各位后，博士继续说：“那么，如果已经爆发了战争该如何收场呢？我在这里奉劝各位站在对方的立场上好好想想。虽然没几个人能做到，但是还是要尽力去做。另外，一旦发现了自己的错误就要马上道歉。对方也是，接到了道歉就要马上接受并化解矛盾。矛盾维持的时间越长，不仅对胎儿不好，还影响到夫妻间的感情。所以，道歉和化解的时间最好不要超过一天。”

讲座快结束时，又有位男士举手提问：“那么，博士您呢，从来没有跟妻子吵过架吗？”

“我也是凡人，肯定会有吵架的时候啊。所以在我妻子怀孕时，我给自己定了几个原则：第一，君子动口不动手；第二，开口之前要三思；第三，和妻子的意见不一时，我无条件地先妥协。”

博士的讲座暂时告一段落后，大家围绕自己家如何解决矛盾进行了讨论。金博士还提前准备了礼物，要送给很好地解决夫妻矛盾的家庭。

顺奎正在犹豫要不要说说他们家的经历时，润熙已经举了手。听了润熙的发言后，博士惊奇地眨了眨眼睛。润熙家“卡拉 OK”事件的解决办法被大家一致认可。回家后两人看了看领到的礼物，一个眉开眼笑，一个捧腹大笑，也知道了博士为什么会惊奇，原来博士准备的礼物跟当天润熙道歉时买的礼物一样，是情侣内裤。

第 30 周胎教重点

◎ 如果夫妻在怀孕时吵架会给胎儿带来无形的伤害。通过新生儿的 MRI 测试检查发现，孕妇受到过丈夫的虐待或经常与丈夫吵架的，其孩子的大脑发育远不如正常的孩子。孕期吵架会导致肾上腺素分泌极其不好的激素，给胎儿造成不良影响。

◎ 在这个时期，每天会有 5 次左右的宫缩现象发生。收缩次数较多时，表明有早产征兆，所以应该采取紧急措施。还有，从这时候开始，乳房里开始有了初乳。

◎饮食要点：为了预防便秘，要多吃新鲜蔬菜和煮熟后的蔬菜，孕妇的肠胃蠕动好，子宫的弹力才能好，这有助于胎儿的成长。

第31周 怀孕后期的不安

一直以来我都努力快快长个儿，以至于现在都觉得没有空间伸伸胳膊腿了，必须蜷成一个大虾的样子才行。继续这么长的话，我真担心自己怎么出这个房间，这让我感到不安，最终还是决定放慢我身体的成长速度。

虽然我时不时还有点儿害怕去面对另一个世界，但是一想到妈妈和爸爸还在苦苦地等我就不再害怕了。从某一天开始，我作出了来到这个房间后最大一个决定，就是把头转向妈妈的骨盆。如果妈妈摸摸肚子，就可以知道我的脑袋在哪里，会知道我是怎么运动的。

润熙明显感到身体笨重了。因为得了痔疮，遭了几天的罪。从肚脐到耻骨间也出现了明显的妊娠纹，但还没有达到早产的程度。

星期六的下午，润熙收到了王美子的邮件：

昨天在家休息时突然想到了你，所以决定给我最喜欢的学妹润熙讲讲我怀孕后期的一些事情，希望能给你一些借鉴。

好像是在怀孕32周时，我得了感冒。当时咳嗽得挺厉害，把我吓坏了，非常担心严重的咳嗽会不会引起早产。我立刻去了医院，但是医生说还没有听说过会因为咳嗽的压力导致早产的情况。我还问吃感冒药会不会有什么影响，医生说药物在怀孕初期对胎儿影响特别大，因为那时胎儿各个器官正是发育时期，但是到了孕中期和孕后期要相对好些，但也要经过医生的同意方可服用药物。所以，我依照医生的处方服用了一天的药，并没有影响到胎儿。

还有件事情发生在临盆前 4 周左右。不知道吃错了什么，我一直拉肚子，拉了 3 天后我赶紧去了医院。医生说孕妇的消化系统抵抗力比平时下降很多，所以很容易会坏肚子。如果坏肚子后持续有腹痛现象，有可能是宫颈开口的前兆。一旦发现宫颈开口就要作好准备迎接早产。只要没有宫缩就可以通过治疗防止早产。

别看我现在说得这么平淡，你不知道我当时有多紧张。告诉你这些也是让你提前预防。

第三件事情是我在临分娩前两周开始就有乳汁分泌了。当时不知所措，很担心，怕提前分泌乳汁影响以后的母乳质量。后来才知道这种担心都是多余的。临近预产期时，乳腺激素会越来越活跃，以至于有些孕妇就会提前分泌乳汁，只要轻轻触碰乳房就会有乳液渗出。其实，怀孕后期有一点点乳液并不影响生育后的初乳。我当时分娩后一切都正常。但怀孕后期还是要注意不要太过刺激乳房。

最后，还要提醒你一定要预防早产。首先得从生活习惯说起，我当然是指夫妻生活了，一定要注意阴道感染。我和丈夫后来发明了不影响胎儿的高难度动作。到了怀孕后期，我们俩也都很担心，但是真不想忍着，所以嘛……但是也没出什么问题。其次要注意运动，我把散步时间安排到了自己感觉状态最好的时候。不想干巴巴地走，所以我边走边拍手，还学着拳击手的样子甩甩胳膊。星期日我还让丈夫陪我一起散步。第三就是明确划分家务活。为了赢得丈夫的同意，我还制作了惩罚制度表，结果获得了意外的 10 万韩元。你也是，反正也无聊，做个责任分区表吧，可以有个方向嘛。

不知道说了这么多，对你有没有任何帮助。

爱你，润熙！替我向樱桃问好。

读着读着，润熙笑了出来。没看出来平时在工作中雷厉风行的王美

子还会有如此细腻和幽默的一面，真是难以相信。

当晚发生了突发事件，润熙不得已打通了博士的电话。

“博士好，我是樱桃妈妈。晚上喝了口大麦茶，结果总是打嗝，这可怎么办?”

可结果听到的答复是打错电话了。

第 31 周胎教重点

◎ 不必太在意打嗝。但是千万不要使用民间流传的吓唬人的方法去治疗打嗝。防止早产的最好办法是避免过度疲劳和压力。特别是那些产后还要继续工作的孕妇，一定要避免长期站立。一般胎儿出现异常或者为畸形儿时容易早产，除此之外，孕妇有慢性肾病、高血压、糖尿病情况等疾病时也要格外小心。还有就是怀有多胞胎、羊水过多和子宫硬块肿大等情况也要分外小心。早产儿一般由于发育不全体重较轻，所以也可以根据体重的轻重判断胎儿能否存活。一般 33 周以上，内脏器官发育完全的早产儿都能存活下来。

◎ 妈妈过度肥胖会影响输送到胎儿大脑的血液。胎儿的血液中有60%是输送到大脑，40%输送到其他器官。这个时期，胎儿大脑的各个神经细胞和细胞间的连接需要充足的血液供应，所以顺畅的供血非常重要。

◎ 饮食要点：要在孕前就养成少食多餐的习惯，但是一定要保证一日三餐的时间和量是固定的。

第 32 周　得了痔疮怎么办

真是不好意思，因为我的个头变大的关系，妈妈最近走路的姿势很好笑。妈妈可能是为了掌握平衡，走路时身子使劲儿往后挺，所以总是感到很疲劳，腰痛也越来越严重，呼吸也困难。妈妈不要太担心了，呼吸困难是因为我变大了嘛，不是因为缺氧的。

我现在的听力越来越好了，只要外面稍稍有点声音，我都会被惊醒。瞳孔对光的反射能力也完备了，在昏暗的地方瞳孔就会变大，亮的地方就会变小。

润熙以前从来都没有得过痔疮，但是自从这次便秘 4 天后，润熙头一次得了痔疮，每次排便时都十分痛苦。

一个陌生女人打来的电话让润熙本来就低落的情绪更加烦躁。

“朴顺奎先生在吗？”

“不在，晨跑去了。”

“好的，知道了。”

“需要转达吗？”

“不用了，我再打吧。”

撂下电话时，润熙觉得心情有点奇怪。自从润熙怀孕后，顺奎从来不把工作带回家里。回家后还把手机给关掉。润熙听出来打来电话的是尹小姐，顺奎所在科室的唯一的女职员。

顺奎晨跑回来后，润熙很不在意地说：“有位小姐来电话找你。”

顺奎漫不经心地问：“谁呀？”

“说过会儿再给你打。”

“无聊啊，怎么会有人给我打电话。不过我晚上有事要出去，是位客户家的老人去世了，估计要到半夜才能回来。”

润熙没有反应。

“听我说话呢吗？”

“嗯，知道了，去吧。”

顺奎出门时，已经是晚上 7 点 30 分了。

润熙吃过晚饭收拾好后躺到了客厅的地板上。不知从何时开始，润熙发现仰面躺着越来越累了。对此博士给的解释是，到了怀孕末期，仰面躺着会压到臀部的大动脉导致血液循环不畅，会出现血压下降、呼吸困难和眩晕的症状。哪个孕妇都会碰到此类情况，尤其是贫血的孕妇。只要没什么特殊状况，孕妇可以采取左侧卧姿，这样可以减少右侧大动脉的压力。还可以拿个大大的枕头顶住上半身，感觉会舒服一些。

润熙按照博士说的方法躺在那看电视，电视的新闻中正说到城市里的爱情酒店，说一些商家为了挣钱，不顾学校的管理制度，在学校附近建起爱情旅馆。比起商家，不顾忌家人劝说，只顾个人享受的那些社会年轻寄生虫更是问题。

看到这个报道，润熙想起了之前在博士的网站里看到的文章。

博士建议，为了保持爱情的新鲜，夫妻间的生活也需要变化。鉴于有很多夫妇会选择到爱情旅店去浪漫，博士告诫那些有计划要孩子的夫妇尽量不要去爱情旅馆。毕竟那是人员流动比较频繁的场所，所以卫生环境肯定很难保证。要真想出去浪漫一下，还不如多花些钱选个高档酒店。这让润熙想到了自己与顺奎的过去，他们也曾有过那样的经历。

回忆过后，润熙想起应该到博士的网站查看一下关于痔疮的问题。没想到，竟然有很多孕妇都咨询这个问题。可能是因为害羞，孕妇们很少会在线咨询，都是留言，当然，博士也给了明确的答复：

痔疮和便秘是很多孕妇的难言之隐，很多孕妇因此而痛苦。所以和医生见面时，请不要避讳这类问题。

孕妇们常得的痔疮是肛门血管肿胀导致的痔核外露。肛门附近的静脉血管极其容易变大，因此，血液循环不流畅时就容易引发静脉瘤，这东西变大后会肿起来成为痔核。长出痔核的原因是直肠和肛门受到了强烈的刺激。除一些特殊的情况外，便秘时反复过度用劲也会引起痔核。总的来说，预防便秘才是预防痔疮的根本方法。

如果排便疼痛或者排便见血时，请一定要和主治医生报告。但是也不必过度担心。轻微的便秘可以通过治疗得以治愈，即使严重的痔疮也可以使用医生开的处方药消除炎症。另外，怀孕后才有的痔疮，在生育后能够痊愈。

为了预防便秘，一定要记住以下几项：首先保证每天饮水充足和饮食规律，要多吃些新鲜的蔬菜、水果和海藻类食品；二是要养成按时排便的习惯。一旦得了便秘一定不要自己随意服用排便药物，也不要在排便时过度用劲。最理想的排便是进到卫生间后在 1~3 分钟之内自然排便。还有，采用温水坐浴也能预防痔疮。

读到这里，润熙从冰箱里拿出大麦茶连喝了两杯。一想起坐浴，润熙又烦了起来。家里房子本来就小，哪有地方再放坐浴盆呢？喝完水，润熙想看看有没有有用的胎教情报，就点开了顺奎平时常用的网站。润熙记得顺奎的密码，所以直接就进来了，里面有一封未读邮件，润熙犹豫了一下，还是点开了邮件：

虽然尺寸有点儿小，但是很可爱嘛，嘿嘿！
暖暖的，柔柔的……
交给我吧。

信的落款是“玫瑰”。读完邮件后，润熙顿时觉得腿都麻了。尺寸？

还有暖暖的柔柔的感觉！这到底是什么意思？

润熙不敢再去想，闭上了眼睛想平静一下。但还是想象到了一副场景：顺奎搂着一个女人走进爱情旅馆。真是人心叵测，之前连做梦都没有想过顺奎也会有外遇。

这家伙真的会那样吗？不能，没有理由啊。肯定是发错的邮件。一个错误的字母也会发错邮件的嘛，何况也没看到对收件人的称呼啊，不一定是给顺奎的信。但是润熙还是觉得不安，她决定先把邮件删了再说。

这一晚润熙心里一直忐忑不安。

想起来博士说过不能长期郁闷，所以第二天一早润熙决定还是套套顺奎的话。

“老公，提到‘玫瑰’你有没有想起什么？”

“玫瑰？不是玫瑰花吗？”顺奎连头都不抬，继续喝着海带汤。

润熙继续问：“你身边有没有叫‘玫瑰’的熟人？”

“你怎么了？从昨晚就觉得你怪怪的。我身边哪有人有这么优雅的名字啊？男性的绰号一般都是石头、铁头之类的，我的还算不错了。”

“‘海绵’还算优雅吗？”润熙实在是没有心情吃饭，“我在问你身边有没有女性叫‘玫瑰’的？”

“怎么总问这些无聊的问题？本来我昨晚在葬礼上就没睡好。”

这时，顺奎的电话响了。顺奎背着润熙躲到客厅去接电话。润熙伸着耳朵偷听了顺奎的对话。

“什么？已经到了109号了？……没有啊，没看到。……对，就是1101号！”

顺奎挂掉电话后回到了餐桌前。

“是谁呀？”润熙问。

“呵呵，现在还不想说。”

“……”

不一会儿，门铃响了。顺奎快速走到润熙面前说：“来贵客了，怎

么还坐着呢?”

润熙很无奈，跟着顺奎走到了门口。门开了，是一位矮胖胖的小姐。

“朴代理，朴夫人，你们好!”

顺奎给润熙介绍：“这位是我们公司的尹小姐，她明天要出差，我有件事情要麻烦人家，这不人家还特地跑一趟。尹小姐，还没吃早点吧？一块吃吧。”

那位小姐说：“朴代理，没有时间了，我的朋友还在等着呢，我给您拿来了您要的东西。”

尹小姐从包里掏出一个中间有十字绣的棉料毯子。

“我总觉得尺寸有点小，但是我姐姐说差不多。夫人盖上它，肚子就会觉得暖暖的。看看，怎么样?”

“太棒了，棒极了!”

润熙看到毯子上有可爱的樱桃图案，光顾着惊叹都忘了说声谢谢了。

“喜欢就好。那么，设计师尹玫瑰要出发去日本了。”

不知道是不是因为樱桃毯子的功效，5 天后，润熙的便秘痊愈了。

第 32 周胎教重点

◎ 到了怀孕后期，孕妇总会觉得各种睡姿都很不舒服，还有些孕妇会觉得浑身痒得睡不着觉。皮肤瘙痒往往是因旺盛的新陈代谢而导致的。随着怀孕后肝脏负担的增加，胆汁排泄也会受影响，因此表现为各种皮肤病，有时浑身都会痒痒。瘙痒严重时可以寻求医生的帮助，开些诊断药进行治疗，比如抗痒软膏等。但是尽量不要使用含激素的药物。平时要注意身体的清洁，也不要直接晒太阳和直接吹凉风。

◎ 有些孕妇睡觉时会有抽筋的情况发生。抽筋是一种肌肉痉挛，因

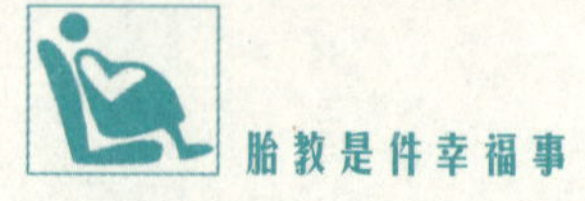

为怀孕后体重会增加，各个器官的血液循环不顺畅就会导致抽筋的现象。另外缺钙也会抽筋。洗澡时要注意保暖，还要经常按摩足底以促进血液循环。下半身更要注意保暖，睡觉时可以垫高脚部以免发生淤血。

◎ 因为孕期大量的饮水，有些孕妇会不自觉地尿裤子，但是不必为此感到羞愧。

第 33 周　消除分娩恐惧症的秘诀

最近，我摸自己的脑袋时发现有头发长出来了，手指甲也快长全了。偶尔，我还会在妈妈肚子里眨眨眼睛，那是在练习眼睛聚焦呢。

据说，像我们这样待在妈妈肚子里的孩子，根据所处的位置不同，带给妈妈的感觉也不一样呢。假如我的位置靠上就会压到妈妈的肺部，要是我的位置靠下就会压到妈妈的骨盆。还有就是根据我们的卧姿，妈妈的肚子大小也会显得不一样呢。

一直保护我的羊水现在也变成稻草色了，当然少不了我的功劳了，因为我尿了不少呢。但是从现在开始我的羊水会慢慢变少。

临近预产期，润熙的乳房越来越大了。因为是第一次怀孕，变化显得格外明显。肚子一着凉，就觉得硬硬的不是很舒服。大腿的压力也越来越重。33 周后，即使润熙去周边散步也不忘带上记有顺奎联络方式的卡片。

顺奎也尽量推掉所有应酬，下班后就直奔家里。他还坚持每天和胎儿对话。他每天站到离润熙 1 米远的距离，给樱桃讲 10 分钟的故事。每天的故事内容都不一样。经过每天的对话，顺奎觉得自己的灵魂也得到了洗礼。

两周后，润熙和顺奎又去了医院。

超声波里看到的樱桃的样子已经和新生儿室的小孩没什么区别了。博士告诉他们，虽然看不出来，但是现在樱桃的皮肤应该是半透明的淡粉色。

看完了超声波，润熙夫妇和博士又坐下来聊起来。

“下周开始，我们打算去参加 LAMAZ 分娩法讲座，会有效果吗?”

“LAMAZ 分娩法一般应该在怀孕 24 周时开始学习，但是现在也不晚。LAMAZ 分娩法主要是夫妻双方一起学习分娩的相关原理，还可以学习减少分娩痛苦的办法。具体说有呼吸法、联想法、肌肉移位法、按摩法和体操法等。此方法的优点是在学习上述理论的同时，丈夫主动参与到分娩的过程。有了丈夫的陪伴，产妇会觉得很有安全感。不知道你们报了哪家的课程?”

“离家 40 分钟左右的大学附属医院。”

“有点远啊，时间来得及吗?”

“是啊，虽然时间有点儿紧，但是我会尽最大的努力早点儿下班后接送老婆。”

“关于 LAMAZ 分娩法，我想多说几句。第一，一旦下定决心要学习 LAMAZ 分娩法，就要学以致用。有些人在 LAMAZ 课堂上学得好好的，但是一旦到了实际分娩过程就不会用了，这种只停留在理论知识上是不可取的。之所以会发生这样的问题是因为产妇一旦有了阵痛就根本想不起来之前学的呼吸法和肌肉移位法了。这往往是因为产妇过度疼痛而紧张的缘故。所以，学习了 LAMAZ 分娩方法后一定要巩固并应用到实践中去，还有就是不能慌张，时刻保持镇定。第二，不要因为没学好 LAMAZ 分娩法就担心害怕。学习 LAMAZ 分娩法现在成了一种潮流，夫妇们把它当做是一堂必修课。但是别忘了，LAMAZ 分娩法并不是万能的，也不是唯一的，所以不要过分依赖 LAMAZ 分娩法。第三，不要因为去学习的路途拥堵而影响自己的心情。千万不能因为任何客观因素而有压力。”

“请问博士，掌握好呼吸方法就可以顺利生产了是吗?”

“也不能一概而论。分娩过程是否顺利在于孕妇本身，每个人的情况各不相同。有些特殊情况，即使呼吸很好的孕妇也会有难产的时候。总之，要把生育和分娩看成是新生命诞生的规律，要有度过这一关的意志力。”

这时一边的顺奎又问：“老婆分娩时，我在旁边陪同真的有用吗？”

“原则上是这样。但是也有注意事项。如果丈夫并没有作好心理准备，只是怕妻子生气而很不情愿地陪产，这样的话，在旁边看着妻子痛苦的样子，可能会忍不住要求医生进行剖宫产。还有就是分娩过程中的某些场面会给丈夫留下心理阴影。所以丈夫不要抱着履行义务的目的去参与分娩，而要明确目的，摆好心态再去参加整个过程。”

“听说吃生蛋就能顺利生产，是真的吗？”

“这是民间的谣传，还有人说穿上顺产过的孕妇的衣服就能顺产，这些都是没有科学道理的，没有一点儿可信度。这都是一些无知的人的想法，所以不要相信。”

第二天，两人来到了汉江对面的大学附属医院。有 20 多名孕妇和丈夫们正在等待讲座的开始。比起其他孕妇，润熙的肚子还是有点儿大。

第一天的讲座内容主要讲了分娩的概况。还练习了丈夫在孕妇后侧撑住老婆的动作。包括润熙在内的很多孕妇都非常认真，即使讲师为了缓解紧张气氛讲了笑话都没有人笑出声来。

回家后，润熙说：“我不想再去参加这个讲座了。”

“为什么？”

“时间太紧了，我也累，你也累，何苦呢？要是在家门口练习还差不多，太远了，反而成了负担。”

“那倒是，可学了总比不学好吧？”

“我刚才问了护士，听说有光盘。我觉得买张光盘在家努力练习更好。我们理论知识已经掌握很多了，我觉得只要集中精神，在家完全可以练好，我很有信心到了分娩室也能保持镇定。”

顺奎最后很无奈地接受了润熙的建议，当晚就在网上订购了光盘。

第二天，润熙就收到了光盘。

润熙还是很不理解为什么有那么多的孕妇不能把在LAMAZ课堂学到的知识利用到分娩室，她决定再咨询一下博士，所以又给博士留了言，询问如何把课堂上学到的理论知识运用到实际分娩过程中。临近顺奎下班时，润熙收到了回信：

只要放松全身，体操法就不会太难太累。肌肉移位法也是主要由肌肉收缩移位来完成，所以分娩时也是需要整个身体配合，因此也不会太难。相对难做的是联想法和呼吸法。一般大家普遍认为呼吸法比较累，所以练习得也最多。但是我认为联想法也很重要，因为分娩过程中，体力上的条件固然重要，但是也需要很好的心理素质。

联想法的前提是先仔细确认分娩过程。请一定要铭记“准备期—执行期—巩固期—完成期”之间的关系。然后想象一下自己躺在医院的场景。提前预想要经历的痛苦，跟着想象再进行呼吸。

联想法一般是摆脱分娩痛苦的精神疗法，即想象着幸福的时刻从而忘记分娩时的痛苦。虽然这样可以暂时忘记或者减少分娩时的痛苦，但是过于沉浸在联想中，往往会忘记呼吸和肌肉移位的配合。因此，我个人建议的办法如下：脑子中设定两个意识路径，一个是用来忘记痛苦的美好回忆，另一个是用于面对即将到来的痛苦。虽然这是件非常困难的事情，但是在家努力练习数日的话，谁都可以很好地掌握联想法。

“要做就要做得像样。”晚上润熙看了LAMAZ光盘后和顺奎说。

“像样是什么意思？”

“你们公司是不是有剩的原料？给我拿点蓝色毯子吧，就是和医院分娩室用的差不多的颜色。可以吗？当然，负责清洗和熨烫的活也交给亲爱的了……”

第二天下班时，顺奎小心翼翼地把润熙要的毯子放到了包里。丰代理看到了顺奎拿毯子就对他说：“带上我呗？”

“……真是，知道什么就要掺和啊！”

“哎呀，总不能丢下高手不带吧？”

“说什么呢？什么高手？”

“啊？不是去打麻将吗？”

顺奎无奈地摇了摇头。

第 33 周胎教重点

◎ 面临分娩，所有的孕妇都会害怕担心。我觉得想消除这个顾虑最好的办法还是联想法。胎儿通过产道时大脑会受到一定程度的刺激，这是自然规律。到目前为止，只要一切指标正常，孕妇自身也健康的话，就把分娩的痛苦当做是给胎儿上的第一节课，胎儿也会感到这是开启人生的伟大一课。

◎ LAMAZ 分娩法，即拉玛泽分娩法，缘于 1952 年，由产科医生拉玛泽先生研究后传到欧洲、南美洲及美国和亚洲各国。这是一种分娩预备和训练方法，也叫拉玛泽减痛分娩法。这种分娩法通过对神经肌肉控制、产前体操及呼吸技巧训练的学习过程，有效地让产妇在分娩时将注意力集中在对自己的呼吸控制上，从而转移疼痛，适度放松肌肉，保持镇定，从而达到加快产程并让婴儿顺利出生的目的。

◎ 产妇的条件不允许顺产时只能剖宫产，如果这时孕妇还坚持顺产就会很冒险。

第 34 周　准备分娩时所需的物品

最近，妈妈和爸爸正热衷于学习分娩知识呢。妈妈还说当初如果上学时有这么努力都能获得哈佛的博士学位。爸爸每天下班回家后都陪着妈妈一起练习。

我的肺、肾脏等器官都已发育完毕。头发也长得差不多了。但是也有没发育好的部分，比如眼睛色素发育不完全。但是这个问题等到我出生后就可以完善了。神经系统也没有完全发育好。

对了，告诉你们，我现在个头有 45 厘米了。因为身体变大了，体重增加的速度也变快了，现在都有 2.5 千克了。妈妈，我已经长成一个超级宝宝啦！

润熙相信自己不会难产，因为她既没患妊娠中毒症，也不属于骨盆狭小，又没有胎位不正。因此，润熙决定除了基本的分娩常识外，不再深究其他的问题了，那样反而会增加心理负担。即使在分娩时出现紧急状况，她相信可以凭借自己的忍耐力搞定。

还没有到去医院的时候，所以润熙有足够的时间做听力胎教，晚上还和顺奎一起练习呼吸法和联想法。

润熙现在并不是很愿意和顺奎过性生活，但是看到网页中的信息后，又增加了很大的勇气。以前的很多胎教资料中都记载着女性怀孕后就不应该有夫妻生活。但是现在的时代已经不同了，可以通过超声波查出大部分的异常。另外，很多实例表明妊娠期间的夫妻生活并不影响胎儿的成长。润熙很赞同上述的观点。所以每次都采取对腹部没有压力的姿势和顺奎享受着夫妻生活。很奇怪的是，比起怀孕前，她现在更容易感受到高潮了。

现在的润熙一直对于一件事情心存疑惑，那就是樱桃的头部现在有没有转向骨盆方向。其实樱桃还没有开始转换方向。第一次怀孕时，胎儿一般会在临盆前 2～3 周时才开始转换方向。润熙认为自己通过身体变化可以察觉到那个时刻，首先大肚子会下移，所以感觉能舒服点儿，呼吸也会变得很轻松，胎动也不会那么强烈。

这一天，润熙一直忙着准备分娩时要带到医院的东西。看到数不过来的物品，润熙感到了分娩的压力。润熙按照记录一样一样念着，顺奎则一件一件放进包里。衬衣、保暖袜、外衣、产衣、樱桃出生后要穿的衣服、润熙要换洗的内衣、洗漱用品、基础护肤品、镜子、梳子、手绢、毛巾和出院时要穿的产妇装……现金和产妇手册单独保管到了抽屉里。

“好了吗？”顺奎问。

“再给我带上在医院读的书和 MP3 吧。”

“那些慢慢再拿吧。”

另外两人暂定管理室的严老师为紧急情况下求助的对象，还预演了一遍在找不到严老师时的应对方法和替代人选。原定婆婆下周要来，但是因为润熙妈妈本周就过来，所以让婆婆晚来几天。

关于选择哪家医院生产，博士曾说过，当孕妇和家人之间的意见有分歧时一定要听取孕妇的意见。一般情况下，要选择一直了解孕妇情况的医院，紧急情况处理优秀的医院，可信任的医院。所以应该在产前检查时就要决定去哪家医院，在医院接受诊断时觉得不合适或哪有问题时，应尽快换医院。但在 28 周前就应最后敲定去哪家医院。

当晚，润熙睡觉前说：“真奇怪，怎么觉得心里不踏实，好像落下了什么东西似的。”

“什么？”

“总感觉忘了什么事情。”

“我们已经很仔细了，还有什么没想到的?”

“……”

这时电话铃声响了，是婆婆打来的。

“孩子，我刚刚睡了一觉，做了乱七八糟的梦，放心不下你们，打电话过来问问，没什么事情吧?”

“当然。”

“那就好。还有我前天突然想起来，给孩子起名字了吗?”

“没有，还没想好。”

“你们怎么这么慢呢？别人都在生之前就定好了。要么我给起一个?”

“不用了，妈妈!”

挂了电话后润熙说：“是啊，我们还真的没谈过孩子名字的问题。所以才觉得忘了什么。”

“因为我们不在意是男孩还是女孩。其实我早已想了个名字，就是没有跟你说。”

“什么啊?”

“花幸，花朵的花，幸福的幸，怎么样？是不是觉得柔中带刚?”

“你说我们从来没考虑过名字的问题，是不是因为很喜欢樱桃这个名字呢?”

说这句话的时候润熙感觉到肚子里动了一下，应该是樱桃也很赞同她的说法吧。

第 34 周胎教重点

◎ 这个时期的胎儿本身开始具有抵抗微弱病毒的能力，但是主要还是靠孕妇的免疫能力对他起保护作用。

◎ 上班族的孕妇在分娩前压力会比较大，虽然到了孕后期会有休

假，但是已经习惯只有周末休息的上班族一下子多了很多休息日还需要适应的过程。重要的是要提前计划好产后调养计划。提前作好一切准备，免得分娩后忙手忙脚。

◎这个时期孕妇的神经会变得很敏感，容易疲劳，所以要充分休息。

◎饮食要点：早餐最好选择富含蛋白质的食品，午餐也不要过于丰盛，只要符合孕妇的胃口就可以，晚餐要吃得既丰富又有营养。

第35周　孕妇也一样美丽

我现在已经完全具备人类的模样了。除了肺部，其他都已经完全成熟。即使我现在出生到世界上也能好好活下去，但是我还是想再等等，因为我对自己的几项能力还不是很有信心，比如调节体温的能力等。

妈妈现在的食欲下降了很多，可能是因为我长了好多，让她觉得胸口难受吧。妈妈按照医生的忠告，严格遵守少食多餐的习惯，真是让我感动。

另外，最近妈妈的房间总是不规律地时而变大时而变小，好像是为了准备生我而产生的自然反应。

润熙从现在开始每周都见一次博士，想看看樱桃有没有移向骨盆方向，但是樱桃还是没有下来。

博士给润熙作了解释，现在她正处在自主神经值最高的时期，所以经常会感到肺部和胃部受到压迫。樱桃下来后，这种感觉就会好很多。但是骨盆的压力大了，所以经常会有想小便的感觉。

走出医院时，润熙被另一个孕妇叫住了。

“您现在第几周了？”

“35周了。”

“和我差不多嘛。我现在是30周……我们一起喝杯茶聊聊可以吗？”

在街道边的咖啡馆里，润熙点了杯牛奶，那位女士点了杯咖啡。润熙善意地提醒道：“听说咖啡对胎儿不怎么好，没关系吗？”

“我是咖啡虫。怀孕前每天都要喝5杯咖啡。怀孕后特意咨询了医生。医生说摄取过多含有咖啡因的饮料会影响胎儿的肌肉发育和运动细胞，还会降低胎儿对无机物的吸收能力，容易生个体重偏轻的孩子。尤其是血压高的孕妇更要注意。但是我和医生说了，离开了咖啡我可活不了。然后医生告诉我一周最多可以喝一杯。所以我现在每周就喝一杯。”

“那岂不是要找个浪漫点的地方慢慢享受啊？”

“那倒没有，每次来医院我就会来这家咖啡馆。做了超声波知道孩子长得很好，心情好，这时喝一杯咖啡觉得格外舒服。对了，刚才在候诊室看到您觉得您比别的孕妇看起来安详平静，所以想知道您是如何做到的。”

“可能是因为我本身就什么都比较想得开吧。”

“真羡慕。我怀孕前在电视导购专栏工作。为了保持形象，一直减肥来着。但因为怀孕变胖让我烦死了。肉都长在腰部、大腿和肩部，真是讨厌现在的自己。”

“没办法呀，我本来也有乌黑亮泽的头发，但是现在干得都不行了。而且脸上还长了斑。”

“我生完孩子后还想回去复职呢，可是最近越来越没有信心了，觉得身材恢复不到以前的状态了。我工作的环境竞争本来就激烈，像这样生完孩子根本比不上后辈们的好身材了，真是有苦难言啊。”

“那也该想开点啊。”

“是要想开，但是现实很残酷啊。上周给广播局的编辑主任打了个问候电话，提出生完孩子想上班的事，结果他告诉我说生完孩子后还是先减减肥再说吧。真是郁闷啊！”

润熙也觉得郁闷起来了。看到对面的孕妇这么不安，自己也很伤心。

润熙还是想安慰安慰那位女士，给她详细讲解了压力对于孕妇的危害和自己知道的所有关于孕产方面的知识。最后润熙问道：“您是计划怀孕的吗？”

“不是，是避孕失败的结果。”

润熙这时更觉得计划怀孕好了，因为是计划怀孕，所以自己先前就作好接受身材变化的准备了。

润熙提议交换邮箱地址和联系电话，知道了对方的名字叫方俊熙。在回来的出租车上，润熙有了个好主意。

当晚，方俊熙收到了一封来自润熙的邮件：

虽然很多男士一般都发现不了孕妇身上那种特别的体态美，但让我们尽力改变这样的现实吧。虽然短时间内是不可能实现的，但是让我们的孩子长大后成为绅士或者淑女吧。加油！

邮件还附上了附件，是一位知名模特为某杂志拍摄的封面，照片上的模特也是个大肚子孕妇。方俊熙笑着下载了附件，心里乐开了花。

第 35 周胎教重点

◎有些杂志专门介绍孕妇的化妆法，而且说漂亮的妈妈才能生出漂亮的孩子，这只是一种美好的愿望。其实孕妇不要过分在意外表和体形的变化。虽然没有一个女性会欣然接受因激素分泌的变化而长满斑纹的脸，但是这种变化是难免的，所以也不要急于采取措施治疗，但可以多摄取富含维生素的应季水果和常做做面膜，会有好处。

◎到了这个时期胎儿的头部已经开始进入骨盆了，所以孕妇胸部憋闷的感觉会慢慢减少。分泌物会越来越多，但这是为了顺利分娩，不必担心。

第 36 周　进入分娩倒计时

我终于开始下移了。我的头部向着妈妈的骨盆进攻了。真是神奇，我头部的大小竟然和妈妈的骨盆完全吻合。妈妈应该也会感到意外吧。

到了关键时刻了，我虽然有点儿害怕，但是不能因为留恋妈妈的房间而拒绝出去，那样妈妈会很痛苦，所以我还是下定决心勇于面对。

但是我很难受哦，因为现在已经不能在妈妈的房间里转身了，幸运的是，还可以动动手脚来消遣。通过超声波可以看到我笑的样子。希望妈妈再忍忍，耐心等待我们见面的日子。

快 10 个月了，除了定期去医院检查，润熙尽量减少外出的次数。因为樱桃长得太大了，以至于润熙很难掌握身体平衡，干点家务活总会把东西弄到地上。比起前一个月，胎动也少了好多。

有一天，润熙刚解完小便还觉得膀胱里有尿，骨盆也觉得很有压力，胃部和肺部的压力也大，润熙感觉到樱桃正在下移。

到了医院检查，果然如自己所料。

“祝贺您！樱桃快出世了。胎儿本能地进入到出世倒计时了。就好比一颗卫星，已经准备完了，随时待命出发了。”

“那么，现在就剩下分娩了吧?”

“是的，但是胎儿虽然进入到骨盆了，何时出生还要看孕妇的状况。”

“我有时也担心肚子里的樱桃怎么忍受身体里的压力，真是神奇。”

“不用担心那个。羊水会平均分配所受压力。所以胎儿受到的压力都是平均的，不会有特别大的冲击的。”

“有时我感觉得到他的头在哪儿。”

“理解您的感觉。说明您一直感觉到樱桃的存在。到了怀孕后期，子宫对于血液的要求越来越多，所以全身血液的 1/6 都会聚集到子宫的血管内。您最近有没有什么异常？”

“4 天前开始吧，每次起来时觉得骨盆两侧有点疼痛。”

“是觉得站起来都困难吗？”

“那倒不是。”

“那就不必担心。骨盆的左右骨头在中间部位是连着的，连接的部分就是尾骨。到了怀孕末期，很多孕妇都会感觉那里比较痛。除了变重的子宫以外，有时胎儿的头部也正好碰到尾骨部分，感到压力所以才会疼痛。另外，为了让胎儿顺利通过产道而分泌激素，尾骨部分也会有隐隐作痛的感觉。但是随着胎儿的头部过了尾骨部分再往下移动的话，疼痛感就会慢慢消失的。如果疼痛严重到站起来都困难时是因为骨盆太窄或者胎儿的头部太大了。那么生产时可能会把骨盆结合的部位给劈开。所以要提前和医生商量并做一些其他检查。”

“不知道是不是因为紧张的缘故，我觉得唾液分泌也变多了，有时还觉得嗓子也被堵住了。这也是激素分泌的原因吗？”

“是啊，唾液其实和汗液是一样嘛。嗓子有不舒服的表现说明您是个比较敏感的人。根据孕妇的身体状况，大部分人会感觉嗓子像感冒时那样不舒服，但是一些敏感的孕妇就会觉得更难受。但不必为这个担心，不会影响到分娩时的呼吸问题。”

“我还有个疑问就是小便频繁，如您所说可能是因为膀胱的压力过大，但是这种感觉和膀胱炎有什么区别吗？”

“如果是刚去完卫生间马上还想去或者排尿后觉得尿道疼痛，那就要考虑是不是膀胱炎了。要不是上述情况就不用担心。因为膀胱位于子官的前面，所以任何正常的孕妇都会有尿频的现象。所以，为了保证充足的睡眠，睡之前一定要去卫生间。”

从医院回来的第二天，润熙午睡的时候又做梦了，梦见自己在广场上推着辆婴儿车，婴儿车里有个小朋友笑着，正是樱桃。这时一位男士拿着冰淇淋向润熙跑来，正是顺奎。当顺奎跑过广场中间的喷泉时被突然喷出的水柱抛上了天。

“小心！”润熙大叫一声醒了过来。

醒来的润熙发现下身有点湿湿的，难道又弄洒了酸梅汁吗？但是睡之前也没有喝过酸梅汁啊？

不好！原来是樱桃让妈妈尿裤子了。

第 36 周胎教重点

◎ 身体的分泌物是由自主神经控制的，自主神经又分为交感神经和副交感神经。如果副交感神经兴奋时，体内分泌物就会变多。待生育后，一切就会恢复到原状态。初次分娩时这种反应更明显。

◎ 这个时期胎儿的成长会减慢。胎儿也会本能地储存能量以备出生。因为胎儿有了脂肪，所以仔细观察的话，可以看到胎儿的手腕和脖子周围都有皱纹。再过 1 个月，肚子里的胎毛会掉下来，皮肤也会更柔软。但是为了顺利通过产道，胎儿的皮肤上会留下一点胎质。

第 37 周　如何应对产前阵痛

我现在还不知道什么时候可以离开妈妈的房间，好像又回到了刚进入到妈妈房间的时期，很徘徊。我也有可能比预产期晚上几天再出来，所以希望妈妈到时千万不要着急。

妈妈的房间比起之前更加温和了。激素的作用真是神奇，知道我马上就要出去了，所以给我铺路呢。我的骨头也变得硬多了，当然比起爸爸妈妈的还差很多。如果我的骨头像大人一样那么硬的话，等我出去时，妈妈该多痛苦啊。

我现在有 50 厘米长，3.1 千克重了。等我走出妈妈的房间时估计也该这么重吧。我都长这么大了，只好蜷着身子，都不能随意扭头，但是还会对特殊的光源有反应，也会眨眨眼睛。还有，我现在的体温应该比妈妈的稍稍高一点吧。

不管润熙如何放松，还是挥不去对分娩的不安和恐惧。电影和电视剧里生孩子时那痛苦的镜头总是浮现在她的脑海里，又因为担心生个畸形儿所以还老做奇怪的梦，这些总是困扰着她。离预产期越近，润熙越发担心。

到了 37 周时，润熙觉得樱桃的胎动反而越来越大了。即使樱桃动作不是很大，润熙凭着幻觉都能感觉到是樱桃的胳膊在动还是腿在动。

顺奎和润熙定期检查的时候问了护士很多问题。首先确认了分娩时由金博士为她接生，所以不用担心了。在护士的指导下，他们还提前看了看分娩室和新生儿室。

见到博士时，润熙还问了其他几个关于分娩的疑问。

“听说个子小的孕妇容易难产，这是真的吗?”

“个子矮于 145 厘米的话，难产的可能性比较大。那是因为比起正常个头的人，矮个子人的骨盆发育差些，但胎儿相对来说也会小点儿，不必过分担心。只要孕妇不过于肥胖或者体重没有增加过快，分娩时不会太痛苦的。人们常说大屁股的人生孩子时不会受罪，虽然顺产和体形有一些关系，但是最重要的还是要看孕妇的健康状态。另外，人们普遍认为臀部大的骨盆也大，但是也有好多臀部大但是骨盆小的妇女，所以过于自信或者过度担心都是不正确的。”

“为什么有人羊水会提前破裂呢?”

“未到正常分娩时间，胎膜提前破裂，羊水流出，称羊水早破。根据孕妇的情况，原因有很多种，有的是因为子宫颈松弛，有的是因为曾多次生育，有的是因为吸烟，还有的是因为胎儿早产或体重过轻。也有很多说不出具体的原因。一般破水 24 小时内就会分娩，也有的破水后还会拖个几天或者几周。很多孕妇错把早期破水当做是小便或者过多的分泌物。其实羊水的味道和尿液是不一样的，所以一定要注意，只要见到少量的破水都要赶紧去医院，去医院之前先用卫生巾防备一下，千万不能耽误一分一秒的时间。也不能洗澡，以防细菌感染。”

“听说还有提前见红的孕妇呢。”

“见红也是因人而异。有些只是蹭到内裤上一点儿，有些像月经一样多。夫妻同房后或者前置胎盘易位都可能引起出血。这都是母体自身的习惯性出血，胎儿出血比率还是很低的。但是即使是微量的出血也会影响到胎儿，所以还是要及时去医院检查。”

“要是没有阵痛，到了预产期，什么时候去医院合适呢?”

“如果已经预定好了医院，最好提前和主治医生确认并决定。有时早早住进医院也不是好事。但是如果出现剧烈的腹痛，还伴着出血，有可能是胎盘提前脱落，所以必须马上去医院。另外，虽然没有疼痛，但是出血不止或出血量多时也要马上去医院，以防胎盘堵住子宫的出口影响胎儿的出生，这也是前置胎盘容易出现的情况。通过前期检查是可以提前知道胎盘前置的，所以要格外小心。还有就是过了预产期还没有阵痛，一定要去医院。特别是超过预产期两周还没动静，一般情况到医院做完胎儿和胎盘的检查后就要做引产了。”

“据说到了怀孕后期，胎动很少，万一完全没了胎动该怎么办?”

“到了后期，胎动变少是因为胎儿移到了骨盆里，并非是停止了胎动，只是很难感觉到而已。要是感觉完全没了胎动，建议左侧卧姿去确认一下。值得注意的是，如果前一天的胎动还很活跃，第二天就完全没有胎动了，这种情况最好要及时做个检查。”

诊察快结束时，顺奎想到了博士在写书的事情。

“您还在坚持每周末到医院写书吗?”

“快完稿了，预计樱桃出世时就能出炉了吧。我还想把两位的经历也写成一本书呢。”

“我们俩吗?”

“我见过无数对夫妇，但是觉得两位真是值得夸奖的典范。首先润熙有自己的胎教观。第二，顺奎非常细心并有责任心。第三，两位通过怀孕提高了人生的境界，并且加深了相互间的关爱。”

“哈哈，真是过奖了。我们没有刻意做过什么嘛。”

“哈哈，你们这是谦虚。我都是因为两位才爱上了樱桃。”

走出医院后，润熙看见了一家水果商店。“我真是不禁夸啊!”润熙说着拽着顺奎进了商店。20分钟后，博士收到了一大篮子草莓。

第37周胎教重点

◎过了7个月后，胎儿会对外部光的刺激做出反应。胎儿在腹内虽然不能正确判断出形态和色泽，但是可以接收通过腹壁的光的信号。尤其到了怀孕后期，腹壁因为伸张变得很薄，所以照到光后，胎儿的心跳也跟着加快。胎教中，过大的刺激和过强的光照都不好，尤其像电影院那样的地方，不仅光源不好，而且嘈杂的噪音对胎儿来说也是一种影响。喜欢看电影的孕妇不妨选择在家看光碟。另外，家里的灯也不要突然关掉或打开，最好到了傍晚时就微微打开灯的电源，让光线有个渐变过程。

◎ 胎儿通过母体接收各种各样的抗体，胎儿会通过母体提供的抗体抵抗各种疾病。出生后婴儿也是通过母乳来提高自己的免疫力。

第38周 分娩演练

医生说我很健康，所以妈妈最近放心了很多。现在我体内藏有很多胎便，呈深黄色，主要是肝脏和胆囊的废弃物。等我出生后，我就会排出这些便便。但是据说如果妈妈阵痛得时间长的话，我有可能把这些便便排在妈妈肚子里。

妈妈虽然放宽了心，但好像还是有点儿紧张。每次看到妈妈对着镜子做出胜利的手势鼓励自己，我就会觉得妈妈真是了不起。

对了，妈妈可不要提重的东西哦，那样我周围的羊水可能就会提前破掉。打开音乐、干点轻微家务倒无妨，那样，妈妈的心情会好，我的心情也会好。

这一天，润熙头一次感觉到了肚子瞬间变硬的感觉，这让她很紧张，觉得自己要生了。但阵痛的周期并不是很紧迫的样子，所以又安下心来。每当有这样的感觉的时候，润熙就会觉得载着樱桃的宇宙飞船马上要进入到了轨道。

正好赶上王美子来看润熙，了解了润熙的状况后告诉她说："你马上就会有一种奇怪的心情，像是月经前的那种复杂的感觉。我当时是突然觉得家里很乱，然后收拾了半天。还记得给医生打电话询问了一下，医生说所有孕妇都会有这种感觉，不用担心。所以你如果有这样的感觉时一定要镇定，不能兴奋。"

"我早就感觉到了。"

"什么?"

"从昨天开始我就已经开始烦躁了，和生理期前的感觉一样。"

“还有，等你生完孩子后就放开哭一下吧。”

“那是为什么?”

“心情不好时哭出的眼泪可能含有不好的物质，但是高兴时的眼泪比钻石都好呢。我顺产后也哭了呢，哭够后发现我的眼睛和心情都明朗多了。感觉世界都不一样了，连看老公时都觉得他一下子变帅了。”

“我可是个泪腺不发达的人。”

“你这么敏感的人会泪腺不发达吗？对了，你婆婆没说给孩子起名字的事吗?”

“当然有啊，她专门去了趟起名堂，说如果是男孩就叫熙造，是女孩就叫熙温。”

“朴熙造，朴熙温？不错嘛。但是你俩自己没有想好的吗?”

“没有，还是叫樱桃，朴樱桃！等分娩后有了灵感再说吧。”

“真是，看不出来你俩还挺随意的嘛。对了，还要提醒你现在开始勤洗澡，等坐月子时就不能洗了，戒指和项链也提前摘下来吧……”

“姐姐不打算要第二胎吗?”

“要啊。”

“什么时候?”

“现在。”

“啊?”

“已经 3 个月了。你知道我为什么要第二个孩子吗？看到你们夫妻那样幸福让我羡慕。我这次也是计划怀孕呢。”

“姐姐，祝贺你啊。你说两个孩子之间差几岁比较好呢?”

“一般都说间隔 18 个月到 3 年为好，小于 12 个月就不怎么好了，孩子智力和健康都会受影响。毕竟孕妇分娩后也需要一定的时间去恢复体力嘛，更何况子宫也需要一段时间去恢复到原来的状态。听说第二个孩子比起第一个孩子，哭得声音更大，出来得也快。”

“那姐姐家的老大知道您又怀孕这个消息了吗?”

“我打算等到7个月的时候再以他能听懂的方式告诉他。太早告诉他，他会着急见到弟弟或者妹妹，等得时间长了会不耐烦的。但是也不能太晚告诉他，也要给他接受的时间嘛。”

“您真有战略啊。”

“我这也是听专业人士说的。”

“听说分娩时要脱衣服，还要刮掉下身的毛，姐姐当时没觉得别扭吗？”

“当然啊，肯定不会很舒服的。但不都是为了孩子的顺利出生和健康嘛，为了防止细菌的侵染，没办法，欣然接受吧。我当时就把它当成了在美容师那里做基础护理了，这样想就舒服多了，也不觉得不好。这些都在于你自己的想法。”

“我真觉得姐姐是个‘Godmother’。”

“Godmother?”

“是啊，电影里的角色，一位坚强的母亲，每当我徘徊时这位母亲给了我很多鼓励，是我的偶像啊。”

“也是啊。一般怀孕了，都会找个知心的朋友或者有过生育经验的前辈当偶像，经常咨询一些信息啊或得到鼓励之类的。那么，现在开始你当我的偶像吧。”

“啊？我吗？”

“你没有信心吗？”

“那倒不是。”

王美子这时看到了润熙新买的净水器。

“什么时候买的净水器？”

润熙给她讲了自己买净水器的经过，王美子听后笑得前仰后合，眼睛一转想到一个主意。她从包里掏出了笔和纸，对润熙说：“这是我编辑的杂志的订阅申请书，你就签一份，作为送给崇拜你的粉丝的礼物吧。怎么样？世界很残酷吧？”

两个人哈哈大笑起来。

第 38 周胎教重点

◎ 分娩前每位孕妇都会感到不安，即使有医生和家人的安慰也无法完全消除这种不安，而医生和护士提供的一些信息也往往让人觉得枯燥。这时，有生育经验的人或许更有帮助。推荐如下方法，找个已经有生育经验的好朋友经常交流，也可以弄个小派对什么的，妈妈对应妈妈，爸爸对应爸爸。这样也许更容易为即将到来的分娩作好充分的准备。

◎ 这个时期，如果每 10 分钟有一次阵痛的话就要马上去医院了。若是隔 20 分钟有一次阵痛，可以先洗个澡再去医院。这段时期再过夫妻生活时要格外小心尿道感染。

第39周　产前阵痛

现在我的头发有2~3厘米长了。我身上的胎毛也褪去得差不多了。

最近我总感到有一股热流推着我。每次有这样的感觉，我就想是该离开妈妈房间的时候了。

妈妈最近更加摇晃了，真的很理解妈妈变差的平衡力，这是因为我的位置不同，妈妈的重心也在变化。还有妈妈现在又有点失眠的症状。我现在已经到达了骨盆里，所以妈妈的尾骨和大腿周边会感到疼痛，而且手脚都有水肿现象。

其实我也很好奇妈妈到底长什么样子，所以作好了一切出去的准备。

阵痛开始之前，润熙和顺奎准备照一些怀孕照。这是顺奎的意见，以后想给孩子看看妈妈大肚子时候的样子。晚上，两人支起了三脚架，坐到了沙发上，快门按上的同时，润熙大喊一声“幸福”并露出了笑容。照完夫妻合照后，润熙还照了很多单身照。

等润熙入睡后，顺奎悄悄地走出了卧室，趴到客厅的地板上拿出了早已准备好的纸和笔：

润熙，谢谢你，真的非常感谢！

看着你挺过种种艰辛走到现在，真的为你骄傲。

我现在才理解为什么人们说男人只要当了爸爸就会变得成熟。虽然我一直没说，但是在1个月前，我每天都在想一件事情，那就是以后我要成为什么样的父亲。有一天我甚至都想到了万一孩子以后学习成绩不好时我该怎么做。我把自己的想法都记录下来，等我们的樱桃出世后，我会给他看看的。润熙，再忍忍吧，有时等待也是一种幸福。

我之前看到别人喊自己老婆为“亲爱的”时都觉得肉麻。但是自从你怀孕后，我也想这么叫你。一到要直接喊出口时还真有点犹豫。但是现在开始，我可以做到了。

亲爱的，非常爱你！

第二天上班前，顺奎把信贴到了冰箱上。

润熙看了信以后感动了一天。

当晚，润熙有点见红，她想起了博士的话，随着阵痛的出现，子宫口会慢慢打开。随着羊膜和子宫壁的脱落，会有一点点见血或者直接流血，血液和分泌物掺和到一起有点像草莓酱。这是临近分娩的信号，马上就会有阵痛或者过 2～3 天就会有阵痛。

当晚顺奎就把行李准备好了。

隔天，他们准备出发去医院。听到消息的孔女士也赶来了。出发前，顺奎亲手给润熙扎了头发，这还是婚后的第一次。

当警卫室的严老师看到顺奎搀扶着润熙走出楼道时急忙迎上前来：“给我车钥匙吧，白色车对吧，我给你们开车。”

“那警卫室怎么办呢？”

“那还重要吗？放心吧，我有 20 年的驾龄呢。”

严老师拿了钥匙后启动了汽车。婆婆把润熙安顿在后排座后自己刚想坐到她身边，这时旁边的严老师让婆婆坐在副驾驶位置，让顺奎陪润熙坐到后面，他说，这时候没有比让孕妇抓着丈夫的手更安心的了。

出发前，严老师又提醒：“再最后检查一下吧，没有落下什么吧？煤气关好了吗？”

“是的，仔细转了一圈才出来的。”

“哎呀，我有一件落下的，等我一分钟。”严老师突然下车跑回警卫室。

润熙透过车窗看了看蓝蓝的天空，突然觉得很忧伤，感觉很恐惧，这应该是每个女性在分娩前都会有的正常反应吧。润熙为了让自己平静下来慢慢闭上了眼睛。

严老师两分钟后飞奔回来，在车后窗上贴了什么东西。

“贴了什么？”孔女士好奇地问。

顺奎扭过头向后窗看去，原来上面贴了这样一张字条：车内有临盆分娩的孕妇。严老师真是细心啊。

第 39 周胎教重点

◇ 分娩过程是和胎儿一起努力的过程，要记住胎儿也很努力地配合你呢。所以产妇一定不要认为是自己一个人在奋斗，要有准备勇敢地面对顺产。

◇ 临近预产期时，在去医院之前就要提前想好在医院要经历的每一项过程，作好心理准备。

◇ 去医院之前一定不要慌张。一旦忘记了什么东西，不仅浪费时间还会影响心情。离开家前一定要关好煤气、水龙头，锁好门，以免到医院还安不下心。

第 40 周　宝贝出世

盼望已久的时刻终于到了！

我太兴奋了，太紧张了！真舍不得离开妈妈的房间啊！

妈妈，万一我出去时不是很顺利，弄疼了妈妈，就当是我舍不得这个房间吧。妈妈要忍受痛苦全是为了我好，毕竟经过产道的孩子会比较聪明嘛。

我要出去的必经之路，也就是妈妈的子宫口越来越柔和了。我想，此时此刻应该是我和妈妈配合得最默契的时候吧。虽然我要经过的通道看起来还是很窄，但我也下定了决心一定要努力。我低下头，缩紧手脚，配合妈妈的用劲频率努力着。

妈妈的声音越来越近了，那是妈妈的呐喊声，还有爸爸的加油声。透过妈妈的子宫口我看到一道刺眼的光亮。

这股光亮越来越强烈。随着光亮的强烈，我越发觉得自己马上要离开这里了。我一切都准备好了，呼吸也没有问题了。

……

我突然感觉一股力量顶了我一下，我的头终于通过了妈妈的门了，我能看到了，也能听到了！

我发现一旦我的头出来后剩下的身子就很容易出来了。我听到了妈妈和爸爸的哭声，那是激动的哭声。

瞬间我觉得有什么东西离开了我的身体，那是医生把连接我和妈妈房间的脐带给剪断了。太突然了，我还没有弄清楚是怎么回事呢。

是谁打了我的屁股？虽然觉得有点儿痛，但是胸部突然感觉很畅通。啊，这可能就是呼吸吧。这是我在这个世界上的第一次呼吸！爸爸妈妈的哭声听起来更清楚了。他们都哭成那样了，我也不能闲着啊？哇——我也跟着哭了起来。

那是我和爸爸妈妈打招呼呢。

“妈妈，爸爸，你们好！我是樱桃啊！”

第 40 周胎教重点

◎ 如果胎儿的体重在 3 千克左右，出生时不会有太大的困难，妈妈也不会觉得很辛苦。由爸爸剪断脐带有特殊的意义，但是胆小的爸爸还是把机会让给医院的护士们吧，毕竟熟练的手法还是有利于胎儿出生后的呼吸的。

◎ 进入到分娩室之前，请提前和医生商量，待孩子出生后允许把刚出生的小宝宝放到产妇的肚子上，这样才能让妈妈和孩子感到是一体的，对于以后的感情培养也有好处。

◎ 从孩子出生的那一刻起真正的育儿课程就开始了，但是只要已经努力做了胎教，就已经站到了起跑线的最前面。

祝贺你们！你们的人生将从此开始新的旅程！

—— 第 5 章 ——

孕期必备常识

YUNQIBIBEICHANGSHI

预防畸形儿的几种方法

不能过分担心畸形儿问题，但是也不能太粗心大意，要简单了解畸形儿的形成原因。

胎儿形态或技能异形的情况就是畸形，分为先天畸形和后天畸形。先天畸形是在子宫内就已经变成畸形。后天畸形指在出生时正常，出生后因各种原因变为畸形。

诱发畸形的最大因素是遗传基因或者染色体异常。胎儿要继承爸爸的 23 条染色体和妈妈的 23 条染色体，而每条染色体上都承载着很多遗传基因。当某个遗传基因有问题时胎儿就容易出现畸形，或者出生后慢慢变为畸形。

由遗传基因或者染色体异常引起的先天畸形主要包括先天性心脏病、精神分裂、侏儒症、白癜风、血友病和自闭症等。另外，孕妇患有疾病也容易生出畸形儿，比如：孕妇患有糖尿病有可能会生出聋哑儿、六指儿、先天性心脏病患儿；孕妇患有肝病和甲状腺疾病有可能会生出精神分裂患儿。

除此之外，孕妇服用药物（特别是在孕早期服用药物）也会诱发胎儿畸形。怀孕期间接触到了放射性物质（X 线）等也极易诱发胎儿畸形，所以要格外小心。当然，并不是一片感冒药就一定会诱发胎儿畸形，如果在不知道怀孕的情况下服用了药物，首先要看服药的时间、次数和药物成分等。目前，多达 60%以上的畸形儿产生的原因还并不清楚。

预防畸形儿的最好方法是计划怀孕。怀孕前，要准确了解夫妻双方家族的遗传病史。万一发现有任何遗传病史，要提前告知医生并进行检查，而后再决定是否可以怀孕。即使家族里没有任何遗传病，也一定要有健康的夫妻生活，饮食要均衡，避免服用药物，远离放射源，杜绝饮酒和吸烟，放松心态，减少接触动物。

1. 孕前检查项目（3 个月前开始）

◎肝功能检查

慢性肝炎一般不容易被人发现，所以孕妇要格外注意，如果在孕前检查时发现没有抗体时就要接及时种疫苗。

◎结核病检查

有显性结核的患者最好推迟怀孕计划。怀孕后子宫变大会压到肺部，结核病的发展就更快。

◎遗传病检查

夫妻双方中只要有一人有遗传病或者家族中有遗传病，就要提前做相关检查。有的父母有遗传病，但是孩子只显示为携带者，所以一定不能掉以轻心。比起其他检查，遗传病检查一定要和专家进行充分的沟通。

◎梅毒检查

若胎儿感染到了梅毒，很可能流产或死在腹中。如果孕妇患有梅毒最好在孕前得以治疗，但是即使在孕期发现患有梅毒，通过很好的治疗也可以避免流产或死胎的发生。

◎风疹检查

胎儿若被风疹感染，眼睛、耳朵和心脏极易受影响。接种风疹疫苗后马上怀孕很可能会影响到胎儿，所以请在接种疫苗 2 ~ 3 周后再怀孕。

2. 孕早期和孕中期的检查项目

◎染色体检查

此项检查是通过分离血液中的细胞染色体后诊断其构造是否异常。通过检查可以查出智障儿和染色体异常的胎儿。若之前有过畸形儿的出生前例，夫妻一定要接受此项检查。结果一般会在 3 天内得知。

◎血液检查

血液检查作为产前必做项目，可以在早期就诊断出无脑儿等先天性畸形。血液检查结果超出或达不到标准数值时需要再做详细的绒毛膜检查。而且最好在第 12 周，第 12 ~ 16 周和第 16 ~ 24 周时分 3 次进行。

◎超声波检查

在怀孕第 18 ~ 24 周期间要做立体三维彩超精密超声波检查，因为这时胎儿的五脏六腑开始形成。通过超声波检查可以在电脑屏幕里确认胎儿身体各个部位是否发育正常。此外，通过超声波检查还可以确认准确的孕周、畸形、多胎儿、胎盘的位置和子宫异常等现象。超声波检查对外形的畸形检查的准确率在 60%左右，如手脚畸形、聋哑、脸部畸形、心脏、肾脏、脊柱畸形等。

◎唐氏筛查

该项检查是一种通过抽出孕妇血清，检测母体血清中甲型胎儿蛋白（AFP）、绒毛促性腺激素（HCG）和游离雌三醇（uE3）的浓度，并结合孕妇的预产期、体重、年龄和孕周等，计算出先天缺陷胎儿的危险系数。进行筛查的最佳时间是第 9 ~ 14 周。

◎羊水检查

通过检查羊水查看胎儿的染色体是否有异常。一般在怀孕第 16 ~ 20 周时进行，通过羊膜穿刺术抽出羊水，检查染色体是否有异常。唐氏筛查有异常时才会做羊水检查，但是需要做这项检查的孕妇会有心理负担，加上结果要 3～4 周以后出来，所以这期间孕妇更是焦虑紧张。但是不要过于担心，即使在唐氏筛查时查出有问题，羊水检查未必就会有问题。羊水检查可以在 4 周后得知是否真有异常。

◎绒毛检查

它主要用一根细细的塑料或金属导管通过孕妇子宫口，沿子宫壁入内，吸取少量绒毛进行细胞学检查，主要用于了解胎儿的性别和染色体有无异常。怀孕 40～70 天时，胚泡周围布满绒毛，是进行检查的最佳时间，比羊水检查的最佳时间早很多。服用过药物的孕妇，家族史里有遗传病者、35 岁以上高龄孕妇及生出畸形儿概率较高的孕妇可做此项检查，结果会在 1～2 周以后出来。

◎羊水酶检查

一般在怀孕第 16~24 周时做此项检查，主要能查出不能通过超声波诊断的畸形隐患。结果会在 2 周后得知。

◎DNA 检查

这是通过胎儿的 DNA 诊断遗传性异常的最新检查方法。除了可以诊断智障外还可以诊断血友病、肌肉萎缩等疾病。染色体遗传因子的分析是通过综合要素连锁反应的方法进行。怀孕第 6～40 周时都可以做该项检查，一般需要 2 周时间出结果。

3. 孕后期的检查项目

◎超声波检查

到了怀孕 30 周时，通过超声波检查可以查出胎盘的位置、胎儿的发育状态、羊水的质量等。

◎胎儿的健康状态检查

把阵痛器和听心器放到孕妇的肚子上观察胎动和子宫收缩时胎儿心跳的变化。此项检查在怀孕 28 周时进行，并能很快得知结果。该项检查还可以查出胎儿是否可以坚持到分娩，能有效防止死胎。

◎胎儿心跳数检查

检查胎动和子宫收缩时胎儿心跳数的变化，一旦这个数值减少就很难顺产。怀孕 20 周以后要经常做此项检查，可以马上得知结果。

◎胎盘功能检查

如果过了预产期还没有阵痛，说明胎盘老化，胎儿的生命非常危险，所以此时要查小便中雌激素的数值。怀孕 20 周开始可以检查此项，一般 2 周后出结果。结果显示有异常时，就要注意多做检查直到分娩为止。

孕期常见问题的解决方法及产前准备

孕妇了解每周需要做的检查项目和每个月要注意的问题，就会省心很多。但是根据孕妇身体的实际情况，需要做的检查项目可多可少，遇到的问题也是因人而异。下表内容可供大家参考。

怀孕月数	医院检查项目	要注意的问题
第 1 个月	确认怀孕（尿液检查） 血液检查（性病，肝功能，糖尿） 超声波检查 分泌物检查 子宫检查	见血 膀胱炎（新婚旅行后多发） 贫血 阴道炎 疲劳
第 2 个月	绒毛检查(1～3 个月) 异常检查(血液采取)	多发自然流产（1～3 个月） 宫外孕 妊娠呕吐开始（1～3 个月）
第 3 个月	超声波检查(3～4 个月，仔细观察胎儿异形) 异常检查(3～4 个月)	因有下腹疼痛感，可以查出卵巢囊肿
第 4 个月	羊水检查 （怀疑畸形儿） 检查胎儿的糖蛋白 检查胎儿的 DNA	子宫压迫型腰痛和腹痛 前位胎盘性出血（4～5 个月） 子宫颈管无力型流产（4～6 个月）
第 5 个月	超声波检查(检查是否有心脏病) 血液检查 蛋白尿检查(5～10 个月)	显怀 开始胎动 怀孕中毒(5～10 个月) 开始练习呼吸法

续表

怀孕月数	医院检查项目	要注意的问题
第6个月	和第5个月做的检查大同小异	注意体重增加 频发生静脉瘤、水肿、痔疮(6~10个月) 阴道炎(6~10个月) 妊娠纹明显
第7个月	胎儿神经系统检查(7~10个月) 胎儿成长速度及羊水波动检查	早产可能 肠胃问题严重(7~10个月) 选定分娩医院 大范围的下腹痛和腰痛
第8个月	脐带检查(必要时)	明显的食欲变化 肠胃不舒服
第9个月	每两周一次检查	分娩担心 敏感(9~10个月) 测定骨盆
第10个月	内诊 出生	

孕期常见问题的缓解方法

◎妊娠呕吐

一般空腹时呕吐现象会更严重，所以保证饱腹是预防呕吐的有效方法。减少三餐量，少食多餐。提前准备食物，半夜醒来时可以随时吃到东西也是预防呕吐的好办法。一般过了 3 个月，呕吐现象就会慢慢消失。怀第一个孩子时呕吐会严重些，再次怀孕会有所好转。

◎排气

消化不好，经常打嗝或者排气，严重时可以咨询医生吃些消化药得以治愈。

◎怀孕忧郁症

孕期心情多变，也很健忘。虽说怀孕中的忧郁症没有产后忧郁症厉害，但大部分的孕妇还是会因为对分娩和流产有所恐慌，或者因为外表的变化而丧失自信心等而产生忧郁。这时需要自我调整。

◎便秘

因为怀孕后子宫变大，因此很不方便运动，平时没有便秘的人此时也会便秘。但是没有医嘱，绝对不能过量饮用益生菌酸奶或者任何药物。最好的预防办法是多吃蔬菜、水果和海藻类。海藻类中海带是最有效果的，把它做成零食吃，既方便又没有副作用。不能因为担心便秘就节食。要养成按时排便的习惯，但是不能养成久蹲马桶的毛病。每天的饮水量应该在 2 升左右。虽然喝水不能直接解决便秘，但是可以防止大便中的水分被大肠吸收，一定要保证每天 2 升水（一般是 8 杯水）。

◎痔疮

痔疮是肛门组织部分被挤到外面后在肛门处堆积成块的现象，是怀孕中常见的疾病。大便见血或者可以摸到肛门周围的硬块时，就要注意是不是患痔疮了。治疗痔疮的好方法是使用高级柔软的卫生纸，经常用清水清洗，用温水坐浴更好。还可以使用痔疮软膏，效果非常好。严重时，可以在生育后接受手术。

◎皮肤

怀孕后整个身体的皮肤开始变化。乳头和嘴唇的颜色变深，妊娠纹和斑纹也开始出现。怀孕后皮肤性质也可能发生变化，油性皮肤变成干性皮肤，干性皮肤变成油性皮肤。

◎其他

怀孕和生育会让女性体验到从来没有过的经历，整个身体状态都会发生变化，比如有的人头发会长得很快，变得很滋润；有的人乳房和臀部明显变大，肚子上也爬上了妊娠纹，大腿也有裂纹；还有的人在生育后健康状况变得很好。但是不管怎样，请不要对身体和精神上的变化过于敏感。

分娩前的征兆

◎情绪变化

出现心情烦闷、失眠等现象。突然想收拾屋子或者想把老公所有的衬衫都熨烫一遍。这种心情就像熬过了漫长的冬季要迎接新春的感觉，因为要迎接贵客到来才会这样。

◎身体上的变化

在身体上感到孩子在下移。虽然胎儿头部下移的时间因人而异，但是一般都会在怀孕最末期发生。这时孕妇的呼吸变得轻松了，但是膀胱受到压迫，肚子会觉得有负担。

◎拉肚子

临近生孩子之前，大便会变得很稀，这是身体为了准备分娩进行的清肠。

◎见红

随着子宫颈张开，胎膜和子宫壁分离，毛细血管破裂而经阴道排出少量血，并与宫颈管内的黏液相混合而排出，所以呈现草莓酱的样子，这便是“见红”，是临产前的信号。一般来说，见红后的24小时内会出现阵痛，进入分娩阶段，也有人见红几天甚至一周后才分娩。

◎开始了有规律的阵痛

根据孕妇的情况和是不是初次怀孕，阵痛的表现也不一样。有了阵痛就要和医生联系，确认后再洗澡洗头，因为去了医院后就不能再碰水了。准备好所有事情后，等阵痛间隔为10分钟时就直接去医院。

◎提前破羊水的情况

出现宫缩同时有大量破水就要尽快去医院。若量只有月经那么多，就不要着急先给医生打电话，先作去医院的准备。羊水量其实比我们想象得多，所以一点一点流的话，不用害怕。先换好内衣裤，垫上大号卫生巾后再去医院。此时很容易感染，所以不能洗澡。有了宫缩后才有阵痛的话，还是可以顺产。

需要带到医院去的用品

◎洗漱用品

洗头液，护发素，香皂，毛巾，牙刷，牙膏。

◎化妆品

乳液，护唇膏，其他化妆品。

◎衣物

产妇服装，产妇用内衣，喂乳用内衣。

◎容易被遗忘的东西

拖鞋，水桶，带有吸管的水杯（不用起身也可以喝水），保暖袜，笔，喜欢的书籍和卡片，面巾纸，镜子，梳子，手绢，刀，面膜，产妇用毯子，医保证，诊断本，电话本，笔记本，现金。

◎婴儿用品

产衣，尿布带，尿布，外套，帽子，围嘴，奶瓶，纱布。

孕期可进行的运动项目

怀孕后身体会变得比之前笨重很多，孕妇们应进行适当的运动，这样有助于将来的分娩和预防体重增加。但是过分地运动和失误会刺激到胎儿。尤其值得注意的是，前 3 个月是容易流产的危险期，所以请不要参加运动。

怀孕期间可进行的运动项目包括如下几种：

◎散步

可以尽情走路。制订固定的动作也行，慢慢走步也行，但是不要走到疲惫。即使怀孕前 3 个月也可以散步。

◎游泳

建议在常温水中游泳，水温最好不要太高或者太低。使用大量消毒剂的游泳池也不要去。

◎瑜伽

建议做专门的孕妇瑜伽，强度不要太大，有专门的老师指导为好。

◎骑自行车

可以练习骑健身房里固定的自行车。如果感到座椅不舒服就停止锻炼，千万不能勉强自己。

◎伸展运动

可以用女士专用哑铃做轻微的伸展运动，也可以做空手伸展。

◎肛门运动

我个人非常推荐这种运动方法。因为女性生完孩子后，阴道会变得松弛，所以容易患有尿失禁。收紧肛门时骨盆肌肉也会跟着收紧。进行反复锁紧和放松的动作。坐在马桶上练习更有感觉。虽然肛门和阴道处

在不同的位置，但是肌肉相关联。认真练习肛门运动，不仅可以有助于顺产，对生育后的夫妻生活也有益。